Disfrute gratuitamente **DURANTE UN AÑO** de los eBook y audiolibros de las obras de Editorial Colex*

⊗ Acceda a la página web de la editorial **www.colex.es**

⊗ Identifíquese con su usuario y contraseña. En caso de no disponer de una cuenta regístrese.

⊗ Acceda en el menú de usuario a la pestaña «Mis códigos» e introduzca el que aparece a continuación:

RASCAR PARA VISUALIZAR EL CÓDIGO

Responsabilidad de la Administración por caídas en vía pública. Paso a paso

⊗ Una vez se valide el código, aparecerá una ventana de confirmación y su eBook y/o audiolibro estará disponible **durante 1 año desde su activación** en la pestaña «Mis libros» en el menú de usuario.

---

* Los audiolibros están disponibles en las ediciones más recientes de nuestras obras. Se excluyen expresamente las colecciones «Códigos comentados», «Biblioteca digital» y los productos de www.vademecumlegal.es.

No se admitirá la devolución si el código promocional ha sido manipulado y/o utilizado.

¡Gracias por confiar en nosotros!

La obra que acaba de adquirir incluye de forma gratuita la versión electrónica. Acceda a nuestra página web para aprovechar todas las funcionalidades de las que dispone en nuestro lector.

Funcionalidades eBook

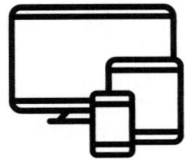

Acceso desde cualquier dispositivo con conexión a internet

Idéntica visualización a la edición de papel

Navegación intuitiva

Tamaño del texto adaptable

Síguenos en: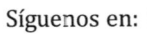

LA RESPONSABILIDAD PATRIMONIAL DE LA ADMINISTRACIÓN POR CAÍDAS EN LA VÍA PÚBLICA

Guía jurídico-práctica sobre la reclamación de la responsabilidad patrimonial de la Administración por caídas en la vía pública

LA RESPONSABILIDAD PATRIMONIAL DE LA ADMINISTRACIÓN POR CAÍDAS EN LA VÍA PÚBLICA

Guía jurídico-práctica sobre la reclamación de la responsabilidad patrimonial de la Administración por caídas en la vía pública

EDICIÓN 2025

Obra realizada por el Departamento de Documentación de Iberley

COLEX 2025

© Editorial Colex, S.L.
Calle Costa Rica, número 5, 3.º B (local comercial)
A Coruña, 15004, A Coruña (Galicia)
info@colex.es
www.colex.es

I.S.B.N.: 978-84-1194-855-5
Depósito legal: C 49-2025

SUMARIO

ANEXO II. FORMULARIOS

1.
INTRODUCCIÓN

Aproximación a la responsabilidad patrimonial de la Administración por caídas en vía pública

Tal y como recoge el Diccionario del Español Jurídico de la RAE cuando hablamos de la responsabilidad patrimonial de la Administración nos referimos a la: «Obligación de las administraciones públicas de indemnizar por toda lesión que causen sus actividades en cualquiera de los bienes y derechos de las personas, salvo en los casos de fuerza mayor, siempre que la lesión sea consecuencia del funcionamiento de los servicios públicos».

El punto de partida de esta responsabilidad lo encontramos en el **art. 106.2 de la Constitución española** que dispone que: «Los particulares, en los términos establecidos por la ley, tendrán derecho a ser indemnizados por toda lesión que sufran en cualquiera de sus bienes y derechos, salvo en los casos de fuerza mayor, siempre que la lesión sea consecuencia del funcionamiento de los servicios públicos».

Por su parte, el **art. 32.1 de la Ley 40/2015, de 1 de octubre, de Régimen Jurídico del Sector Público** establece en su primer párrafo que:

> «1. Los particulares tendrán derecho a ser indemnizados por las Administraciones Públicas correspondientes, de toda lesión que sufran en cualquiera de sus bienes y derechos, siempre que la lesión sea consecuencia del funcionamiento normal o anormal de los servicios públicos salvo en los casos de fuerza mayor o de daños que el particular tenga el deber jurídico de soportar de acuerdo con la Ley».

Si nos centramos en el supuesto que nos incumbe, de caídas en la vía pública, habrá que tener en cuenta que para que surja la responsabilidad de la Administración se exige que el obstáculo en la calle supere lo que es el normal límite de atención exigible en el deambular, si bien no es posible reclamar una total uniformidad de la vía pública ni la inexistencia absoluta de elementos que interfieran en el tránsito de los peatones. En este sentido el TSJ de Madrid nos recuerda en su **sentencia n.º 31/2022, de 27 de enero, ECLI:ES: TSJM:2022:55**, que lo exigible es que el estado de la vía sea lo suficientemente uniforme y el paso aparezca adecuadamente expedito como para resultar fácilmente superable con el nivel de atención que, socialmente, es requerible.

Con relación a los daños que pueden resultar indemnizables, se exige que los mismos reúnan las siguientes características:

– Debe de tratarse de un daño efectivo.

– Se exige que se trate de un daño evaluable económicamente.

– El daño debe ser individualizado con relación a una persona o grupo de personas.

A la hora de determinar la procedencia de la responsabilidad patrimonial de la Administración, hay que tener en cuenta que la jurisprudencia ha determinado que resultan exigibles los siguientes requisitos:

– La efectiva realidad del daño o perjuicio, evaluable económicamente e individualizado en relación a una persona o grupo de personas.

– Que el daño o lesión patrimonial sufrida por el reclamante sea consecuencia del funcionamiento normal o anormal —es indiferente la calificación— de los servicios públicos en una relación directa e inmediata y exclusiva de causa a efecto, sin intervención de elementos extraños que pudieran influir, alterando el nexo causal.

– Ausencia de fuerza mayor.

– Que el reclamante no tenga el deber jurídico de soportar el daño cabalmente causado por su propia conducta.

Cuando el ciudadano ha sufrido daños como consecuencia de una caída en la calle, y considera que existe responsabilidad de la Administración al reunirse todos los requisitos exigidos para ello, puede solicitar el inicio de un proceso de responsabilidad patrimonial, en virtud de lo dispuesto en el **art. 67 de la Ley 39/2015, de Procedimiento Administrativo Común de las Administraciones Públicas.** En el caso de que la respuesta de la Administración no sea satisfactoria, el particular podrá solicitar el auxilio judicial mediante la presentación de un recurso ante el juzgado contencioso administrativo.

CUESTIÓN

En los casos de caídas en vía pública, ¿estamos ante una responsabilidad contractual o extracontractual?

En estos supuestos nos encontramos ante una responsabilidad extracontractual. La diferencia entre ambas se marca en la existencia de un contrato que obliga a las partes o que la responsabilidad pueda derivar de un mal funcionamiento de la Administración. La STS, rec. 368/1996, de 25 de julio del 2000, ECLI:ES:TS:2000:6299, se pronuncia sobre esta diferencia y recoge que: «(...) **la responsabilidad extracontractual supone la existencia de una determinada actividad administrativa que, incidentalmente, y al margen de cualquier relación jurídica previamente constituida, provoca unos daños a determinada persona que ésta no tiene el deber jurídico de soportar"**, mientras que, la responsabilidad contractual es la que deriva del incumplimiento —por una de las partes contratantes— de un deber estipulado en el contrato».

2.
LA RESPONSABILIDAD PATRIMONIAL DE LA ADMINISTRACIÓN

Criterios generales de la responsabilidad patrimonial de las Administraciones públicas

Parte el **artículo 32.1 de la Ley 40/2015, de 1 de octubre, de Régimen Jurídico del Sector Público (LRJSP)**, de la siguiente premisa:

> «1. Los particulares tendrán derecho a ser indemnizados por las Administraciones Públicas correspondientes, de toda lesión que sufran en cualquiera de sus bienes y derechos, siempre que la lesión sea consecuencia del funcionamiento normal o anormal de los servicios públicos salvo en los casos de fuerza mayor o de daños que el particular tenga el deber jurídico de soportar de acuerdo con la Ley.
>
> La anulación en vía administrativa o por el orden jurisdiccional contencioso administrativo de los actos o disposiciones administrativas no presupone, por sí misma, derecho a la indemnización».

Responde el citado precepto a lo establecido en el **apartado 2 del artículo 106 de la CE**, que dispone:

> «Los particulares, en los términos establecidos por la ley, tendrán derecho a ser indemnizados por toda lesión que sufran en cualquiera de sus bienes y derechos, salvo en los casos de fuerza mayor, siempre que la lesión sea consecuencia del funcionamiento de los servicios públicos».

En la misma línea cabe traer a colación la **Ley de 16 de diciembre de 1954 de Expropiación Forzosa** (en adelante LEF), ya que en su título IV, capítulo II regula las indemnizaciones por otros daños señalando, el **artículo 121, apartado 1**, que:

> «Dará también lugar a indemnización con arreglo al mismo procedimiento toda lesión que los particulares sufran en los bienes y derechos

a que esta Ley se refiere, siempre que aquélla sea consecuencia del funcionamiento normal o anormal de los servicios públicos, o la adopción de medidas de carácter discrecional no fiscalizables en vía contenciosa, sin perjuicio de las responsabilidades que la Administración pueda exigir de sus funcionarios con tal motivo».

La jurisprudencia ha venido considerando la responsabilidad patrimonial de las Administraciones públicas como un supuesto de **responsabilidad objetiva**, así la **sentencia del Tribunal Supremo, rec. 2550/2009, de 5 abril de 2011, ECLI:ES:TS:2011:1715**, establece:

«La responsabilidad patrimonial de la Administración, ha sido configurada en nuestro sistema legal y jurisprudencialmente, como de naturaleza objetiva, de modo que **cualquier consecuencia dañosa derivada del funcionamiento de los servicios públicos, debe ser en principio indemnizada**, porque como dice en múltiples resoluciones el Tribunal Supremo "de otro modo se produciría un sacrificio individual en favor de una actividad de interés público que debe ser soportada por la comunidad"».

Nuestro Alto Tribunal ha destacado la **finalidad resarcitoria** de esta responsabilidad patrimonial, y en este sentido podemos mentar la **STS n.º 786/2023, de 13 de junio, ECLI:ES:TS:2023:2842**, en la que se señala que: «El instituto de la responsabilidad patrimonial tiene una finalidad netamente resarcitoria, que pretende compensar por el daño ocasionado por la actuación de la Administración, cuando, como es natural, se evidencie la certeza de que ha sido producido por un acto u omisión decisiva que produce un resultado dañoso (...)».

Respecto a la **fuerza mayor** cuya concurrencia ha de ser acreditada por la Administración para exonerarse de culpa, debemos atender también a lo dispuesto por la jurisprudencia, que viene pronunciándose repetidamente bajo el mismo criterio; en este sentido la **STS, rec. 2550/2009, de 5 abril de 2011, ECLI:ES:TS:2011:1715**, establece:

«(...) La fuerza mayor entroncaría con la idea de lo extraordinario, catastrófico o desacostumbrado, mientras que el caso fortuito haría referencia a aquellos eventos internos, intrínsecos al funcionamiento de los servicios públicos, producidos por la misma naturaleza, por la misma consistencia de sus elementos, por su mismo desgaste con causa desconocida, correspondiendo en todo caso a la Administración, tal y como reiteradamente señala el Tribunal Supremo, entre otras y por sintetizar las demás, la de 6 de febrero de 1996, probar la concurrencia de fuerza mayor, en cuanto de esa forma puede exonerarse de su responsabilidad patrimonial».

En la misma línea se pronuncian otras sentencias del mismo tribunal como la **STS, rec. 1849/2002, de 13 de junio de 2005, ECLI:ES:TS:2005:3786**, y la **STS, rec. 309/2006, de 21 de julio de 2008, ECLI:ES:TS:2008:4054**.

Requisitos para determinar la responsabilidad patrimonial de las Administraciones públicas

A TENER EN CUENTA. Las sentencias referidas, en su mayor parte, hacen alusión al artículo 139 de la derogada Ley 30/1992, de 26 de noviembre, similar al actual artículo 32 de la LRJSP, por lo que se entiende aplicable la jurisprudencia expuesta.

De la misma forma, el artículo 32, apartado 2, de la LRJSP y en términos idénticos el artículo 122.1 de la LEF, recogen los requisitos para hablar del derecho a indemnización. Así, estaremos ante un daño «indemnizable» cuando el daño:

– Sea efectivo.

– Pueda evaluarse económicamente.

– Sea individualizado con relación a una persona o grupo de personas.

Citando al Tribunal Supremo, en su **sentencia n.º 786/2023, de 13 de junio, ECLI:ES:TS:2023:2842**, podemos afirmar que: «El derecho de los particulares a ser indemnizados por la lesión que sufran en sus bienes y derechos como consecuencia del funcionamiento de los servicios públicos, que establece el artículo 106.2 de la CE, ha de realizarse "en los términos establecidos por la Ley". Y la Ley 40/2015, en el artículo 32, establece que las Administraciones Públicas han de responder de toda lesión que sufran los particulares en sus bienes y derechos "siempre que la lesión sea consecuencia del funcionamiento normal o anormal de los servicios públicos"».

Es doctrina consolidada la apreciación de los requisitos necesarios para reclamar la responsabilidad patrimonial a las AA. PP. En este sentido cabe citar diversas sentencias, entre las cuales destacan la **STS del Tribunal Supremo, rec. 6613/2009, de 07 de diciembre de 2011, ECLI:ES:TS:2011:8182**; la **STS, rec. 2506/2011, de 22 de junio de 2012, ECLI:ES:TS:2012:4574**; la **STS, rec. 5998/2011, de 23 de mayo de 2014, ECLI:ES:TS:2014:1997, STS, rec. 4056/2014, de 19 de febrero de 2016, ECLI:ES:TS:2016:540**, y la **STS n.º 903/2021, de 23 de junio, ECLI:ES:TS:2021:2624**, infiriéndose de ellas lo siguiente:

> «(...) La viabilidad de la acción de responsabilidad patrimonial de la Administración requiere conforme a lo establecido en el art. 139 LRJAPAC: a) La efectiva realidad del daño o perjuicio, evaluable económicamente e individualizado en relación a una persona o grupo de personas. b) Que el daño o lesión patrimonial sufrida por el reclamante sea consecuencia del funcionamiento normal o anormal —es indiferente la calificación— de los servicios públicos en una relación directa e inmediata y exclusiva de causa a efecto, sin intervención de elementos extraños que pudieran influir, alterando, el nexo causal. c) Ausencia de fuerza mayor. d) Que el reclamante no tenga el deber jurídico de soportar el daño cabalmente causado por su propia conducta».

De lo establecido en el citado artículo se da una interpretación más amplia por parte de los tribunales, siendo doctrina consolidada la necesidad de apreciación de los siguientes factores para reclamar la responsabilidad patrimonial de las AA. PP.:

- El particular no ha de tener deber jurídico de soportar el daño.
- Ha de concurrir culpa por parte de la Administración, de manera que el hecho le sea imputable.
- El hecho acontecido debe ser antijurídico o contrario a la norma.
- Al darse el daño antijurídico se genera un detrimento patrimonial.
- Debe darse una relación directa y eficaz entre el hecho producido y el daño ocasionado.

La citada **sentencia del Tribunal Supremo, rec. 5998/2011, de 23 de mayo de 2014, ECLI:ES:TS:2014:1997,** añade:

«Es doctrina jurisprudencial reiteradísima, por todas Sentencia de 3 de mayo de 2.011 (Rec. 120/2007) que la viabilidad de la acción de responsabilidad patrimonial de la Administración requiere conforme a lo establecido en el art. 139 LRJPAC: a) La efectiva realidad del daño o perjuicio, evaluable económicamente e individualizado en relación a una persona o grupo de personas. b) Que el daño o lesión patrimonial sufrida por el reclamante sea consecuencia del funcionamiento normal o anormal —es indiferente la calificación— de los servicios públicos en una relación directa e inmediata y exclusiva de causa a efecto, sin intervención de elementos extraños que pudieran influir, alterando, el nexo causal. c) Ausencia de fuerza mayor. d) Que el reclamante no tenga el deber jurídico de soportar el daño cabalmente causado por su propia conducta.

La jurisprudencia de esta Sala (por todas la STS de 1 de julio de 2009, recurso de casación 1515/2005 y las sentencias allí recogidas) insiste en que "no todo daño causado por la Administración ha de ser reparado, sino que tendrá la consideración de auténtica lesión resarcible, exclusivamente, aquella que reúna la calificación de antijurídica, en el sentido de que el particular no tenga el deber jurídico de soportar los daños derivados de la actuación administrativa".

En esa misma línea reiterada jurisprudencia (STS de 25 de septiembre de 2007, rec. casación 2052/2003 con cita de otras anteriores) manifiesta que la viabilidad de la responsabilidad patrimonial de la administración exige la antijuridicidad del resultado o lesión siempre que exista nexo causal entre el funcionamiento normal o anormal del servicio público y el resultado lesivo o dañoso producido.

Se insiste STC 19 de junio de 2007, rec. casación 10231/2003 con cita de otras muchas que "es doctrina jurisprudencial consolidada la que sostiene la exoneración de responsabilidad para la Administración, a pesar del carácter objetivo de la misma, cuando es la conducta del propio perjudicado, o la de un tercero, la única determinante del daño producido aunque hubiese sido incorrecto el funcionamiento del servicio público (Sentencias, entre otras, de 21 de marzo, 23 de mayo, 10 de octubre y 25 de noviembre de 1995, 25 de noviembre y 2 de diciembre de 1996, 16 de noviembre de 1998, 20 de febrero, 13 de marzo y 29 de marzo de 1999)".

Y también repite la jurisprudencia (por todas SSTS 7 de febrero 2006 recurso de casación 6445/2001, 19 de junio de 2007, recurso de casación 10231/2003, 11 de mayo de 2010, recurso de casación 5933/2005) que la apreciación del nexo causal entre la actuación de la Administración y el resultado dañoso, o la ruptura del mismo, es una cuestión jurídica revisable en casación, si bien tal apreciación ha de basarse siempre en los hechos declarados probados por la Sala de instancia, salvo que éstos hayan sido correctamente combatidos por haberse infringido normas, jurisprudencia o principios generales del derecho al haberse valorado las pruebas, o por haber procedido, al haber la indicada valoración de manera ilógica, irracional o arbitraria».

RESOLUCIONES RELEVANTES

Sentencia del TSJ de Madrid n.º 426/2024, de 29 de mayo, ECLI:ES:TSJM:2024:6383

*«La doctrina jurisprudencial en materia de responsabilidad patrimonial de la Administración recogida, entre otras, en las sentencias del Tribunal Supremo de 5 de noviembre de 2012 y de 29 de julio de 2013, exige para que la misma se produzca que concurran los siguientes **requisitos**:*

*1º.- **Un hecho imputable a la Administración**, bastando con acreditar que el daño se ha producido en el desarrollo de una actividad cuya titularidad corresponde a un ente público.*

*2º.- Un **daño antijurídico** producido, en cuanto detrimento patrimonial injustificado, o lo que es igual, que el que lo sufre no tenga el deber jurídico de soportar.*

El daño o perjuicio patrimonial ha de ser real, no basado en meras esperanzas o conjeturas, evaluable económicamente, efectivo e individualizado en relación con una persona o grupo de personas.

La Sentencia del Tribunal Supremo, de 15 de marzo de 2011, con cita de la de 1 de julio de 2009, declara que "no todo daño causado por la Administración ha de ser reparado, sino que tendrá la consideración de auténtica lesión resarcible, exclusivamente, aquella que reúna la calificación de antijurídica, en el sentido de que el particular no tenga el deber jurídico de soportar los daños derivados de la actuación administrativa". Y añade que, conforme a la sentencia del Tribunal Supremo de 25 de septiembre de 2007, " la viabilidad de la responsabilidad patrimonial de la Administración exige la antijuridicidad del resultado o lesión siempre que exista nexo causal entre el funcionamiento normal o anormal del servicio público y el resultado lesivo o dañoso producido". Finalmente, insiste en que "es doctrina jurisprudencial consolidada la que sostiene la exoneración de responsabilidad para la Administración, a pesar del carácter objetivo de la misma, cuando es la conducta del propio perjudicado o la de un tercero la única determinante del daño producido aunque hubiese sido incorrecto el funcionamiento del servicio público (Sentencias, entre otras, de 21 de marzo, 23 de mayo, 10 de octubre y 25 de noviembre de 1995, 25 de noviembre y 2 de diciembre de 1996, 16 de noviembre de 1998, 20 de febrero, 13 de marzo y 29 de marzo de 1999)".

*3º.- **Relación de causalidad** entre el hecho que se imputa a la Administración y el daño producido.*

Se ha de señalar que el concepto de relación causal se reduce a fijar qué hecho o condición puede ser considerado como relevante por sí mismo para producir el resultado final, como presupuesto o "conditio sine qua non", esto es, como acto o hecho sin el cual es inconcebible que otro hecho o evento se considere consecuencia o efecto del anterior, aunque es necesario además que resulte normalmente idóneo para determinar aquel evento o resultado teniendo en consideración todas las circunstancias del caso, hasta alcanzar la categoría de causa adecuada, eficiente y verdadera del daño (sentencias del Tribunal Supremo de 26 de septiembre de 1998 y de 16 de febrero de 1999, entre otras).

*4º.- **Ausencia de fuerza mayor**, como causa extraña a la organización y distinta del caso fortuito, supuesto este que sí impone la obligación de indemnizar.*

*5º.- **Que el derecho a reclamar no haya prescrito**, lo que acontece al año de producido el hecho o el acto que motive la indemnización o de manifestarse su efecto lesivo, si bien, en caso de daños de carácter físico o psíquico a las personas, dicho plazo empezará a computarse desde la curación o la determinación del alcance de las secuelas (artículo 67.1 de la Ley 39/2015, de 1 de octubre, del Procedimiento Administrativo Común de las Administraciones Públicas)».*

Sentencia de la Audiencia Nacional, rec. 127/2023, de 19 de junio de 2024, ECLI:ES:AN:2024:3530

«Lo resarcible por la vía de la responsabilidad patrimonial es la lesión, pero ésta solo puede ser apreciada si el daño que le sirve de presupuesto reúne los requisitos que declara la jurisprudencia en interpretación de estas normas.

*Así, el Tribunal Supremo ha estimado que, para exigir responsabilidad patrimonial por el funcionamiento de los servicios públicos, es necesario que concurran los siguientes **requisitos o presupuestos**: 1. hecho imputable a la Administración, 2. lesión o perjuicio antijurídico efectivo, económicamente evaluable e individualizado en relación a una persona o grupo de personas, 3. relación de causalidad entre hecho y perjuicio, y 4. que no concurra fuerza mayor u otra causa de exclusión de la responsabilidad. 5 que el reclamante no tenga el deber jurídico de soportar el daño.*

*Junto a los presupuestos de la responsabilidad patrimonial, hay también unos **requisitos para ejercitar la acción de reclamación** que son:*

1. la previa reclamación en vía administrativa a la Administración Pública correspondiente.

2. que la acción de responsabilidad indemnizatoria no haya prescrito, esto es, que sea ejercitada dentro del plazo de un año contado a partir del hecho que motivo la indemnización o se manifieste su efecto lesivo.

3. que no derive de hechos o circunstancias que no se hubiesen podido prever o evitar según el estado de los conocimientos de la ciencia o de la técnica existentes en el momento de producción.

4. su compatibilidad con las prestaciones asistenciales o económicas que las leyes puedan establecer».

La responsabilidad directa y objetiva de la Administración pública

La **Administración** es responsable cuando su conducta sea la causa del **daño**. No se requiere otro requisito que la **relación de causalidad** entre el acto y el daño, prescindiendo de la licitud o ilicitud de la actuación de la Administración autora del daño, siempre que esa actuación lícita o ilícita se produzca dentro de sus funciones propias.

Además, se requiere que la lesión sea antijurídica, en el sentido de que el administrado no tenga la obligación de soportar el daño, bastando para ello con que el riesgo inherente a la utilización de los servicios públicos haya rebasado los límites impuestos por los estándares de seguridad exigibles conforme a la **conciencia social**. No existirá entonces deber alguno del perjudicado de soportar el menoscabo y, por consiguiente, la obligación de resarcir el daño o perjuicio causado por la actividad administrativa será imputable a la propia Administración.

‖ Responsabilidad directa: el nexo causal

La responsabilidad patrimonial es directa por cuanto ha de mediar una relación de tal naturaleza, **inmediata y exclusiva de causa a efecto entre el actuar de la Administración y el daño producido**, relación de causalidad o nexo causal que vincule el daño producido a la actividad administrativa de funcionamiento, sea este normal o anormal, de los servicios públicos.

Desde luego, el carácter directo, inmediato y exclusivo de esta relación de causalidad ha sido superado hace tiempo, pues la relación de causalidad —especialmente en los supuestos de responsabilidad por funcionamiento anormal de los servicios públicos— puede aparecer bajo formas mediatas, indirectas y concurrentes, circunstancias que pueden dar lugar o no a una **moderación de la responsabilidad**.

Por otro lado, la responsabilidad es **directa** porque la Administración pública responde directamente de los **daños causados por sus funcionarios o agentes, siendo indiferente el funcionamiento normal o anormal de los servicios públicos o el tipo de relación, pública o privada, causante de la lesión**.

> **A TENER EN CUENTA**. Según el artículo 36.1 de la LRJSP, para hacer efectiva la referida **responsabilidad patrimonial**, los particulares exigirán directamente a la Administración pública correspondiente las indemnizaciones por los **daños y perjuicios causados por las autoridades y personal a su servicio**.

En este sentido la **sentencia del Tribunal Supremo n.º 836/2022, de 23 de junio, ECLI:ES:TS:2022:2640**, recoge el carácter directo del sistema de responsabilidad de las AA. PP. «(...) de modo que la Administración cubre directamente, y no solo de forma subsidiaria, la actividad dañosa de sus autoridades, funcionarios y personal laboral, sin perjuicio de la posibilidad de ejercitar luego la acción de regreso cuando aquellos hubieran incurrido en dolo, culpa o negligencia graves (...)». Asimismo, declara el carácter esencial de la relación de causalidad en los términos siguientes: «(...) La relación de causalidad constituye un requisito esencial en la declaración de responsabilidad de la Administraciones Publicas, el sistema descrito requiere la concurrencia de este requisito cuando precisa que la lesión "patrimonial, para que sea indemnizable, 'sea consecuencia'" del funcionamiento de los servicios públicos. Si ese nexo causal falta, no operara la imputabilidad del daño a la Administración. En definitiva, para que el hecho merezca ser considerado como causa, se precisa que en sí mismo sea idóneo para producir el daño, es decir, que tenga especial aptitud para producir el resultado lesivo».

Cabe citar aquí **la sentencia del TSXG n.º 412/2024, de 5 de junio, ECLI:ES:TSJGAL:2024:4264**, en la que al enumerar los requisitos de la responsabilidad de la Administración se refiere a la relación de causalidad, recogiendo que se exige: «Una relación de causalidad directa e inmediata entre aquélla y ésta, sin la intervención de factores externos que la alteren o eliminen, o de fuerza mayor legalmente excluyente; lo que significa, en principio, un **nexo causal exclusivo, pero sin excluir la posibilidad de la concurrencia o injerencia de un tercero o del mismo perjudicado que con su conducta sirva para moderar o graduar la cuantía indemnizatoria**, ni que por su entidad o valor determinante rompa por completo ese nexo eximiendo a la Administración de toda responsabilidad, como ocurre en los supuestos de fuerza mayor, contemplada por la Ley como causa de exoneración».

‖ Responsabilidad objetiva

A diferencia del ámbito civil, la **responsabilidad patrimonial de la Administración pública es objetiva o de resultado**, lo que presupone rechazar lo que se ha denominado «margen **de tolerancia**», de tal forma que lo relevante es que el administrado haya sufrido una lesión, entendida no como mero daño, sino como daño antijurídico, en el sentido de que el perjudicado no tiene el deber jurídico de soportarlo, siendo indiferente la culpa o ilegalidad en el autor del daño.

Así, lo relevante no es el proceder antijurídico de la Administración, sino la **antijuridicidad del resultado o lesión**. La responsabilidad de la Administración deja de ser una sanción personal por un comportamiento inadecuado y se convierte en un mecanismo objetivo de reparación que se pone en funcionamiento cuando se ha producido una lesión patrimonial a un administrado, al margen de cuál sea el grado de voluntariedad y previsión del agente.

No obstante, para que ese daño concreto producido por el funcionamiento del servicio público a uno o varios particulares sea antijurídico, basta con que el riesgo inherente a su utilización haya rebasado los límites impuestos por los **estándares de seguridad exigibles** conforme a la conciencia social.

En apoyo de lo anterior, la citada **sentencia del Tribunal Supremo n.º 836/2022, de 23 de junio, ECLI:ES:TS:2022:2640**, señala respecto de la antijuridicidad que «(...) no aparece vinculada al aspecto subjetivo del actuar antijurídico, sino al objetivo de la ilegalidad del perjuicio, pero entendido en el sentido de que no exista un deber jurídico del perjudicado de soportarlo por la existencia de una causa de justificación en quien lo ocasiona, es decir, la Administración (...)». Añade, además, que «(...) En definitiva, para apreciar si el detrimento patrimonial que supone para un administrado el funcionamiento de un determinado servicio público resulta antijurídico ha de analizarse la índole de la actividad administrativa y si responde a los parámetros de racionalidad exigibles (...)».

En definitiva, no es necesario demostrar para exigir aquella responsabilidad que ha generado un daño que los titulares o gestores de la actividad administrativa han actuado con dolo o culpa, ni tan siquiera que el servicio público se ha desenvuelto de manera anómala, pues los preceptos constitucionales y legales que componen el régimen jurídico aplicable amplían la obligación de indemnizar a los casos de **funcionamiento normal** de los servicios públicos.

JURISPRUDENCIA

Sentencia del Tribunal Supremo n.º 2060/2017, de 21 de diciembre, ECLI:ES:TS:2017:4672

*«El Tribunal Supremo ya estableció en su STS 20-2-1989, en línea de principio, que la tesis de que la responsabilidad del artículo 40 de la Ley de Régimen Jurídico de la Administración del Estado es una **responsabilidad objetiva que no precisa en consecuencia de un actuar culposo o negligente del agente**, expresamente se **rechaza la tesis de lo que se ha denominado "margen de tolerancia"**, en cuanto pugna con la declaración constitucional del artículo 106 que reconoce a los ciudadanos, en los términos establecidos en la Ley, el derecho a ser indemnizados por toda lesión que sufran en cualquiera de sus bienes o derechos, salvo en los casos de fuerza mayor, siempre que la lesión sea consecuencia del funcionamiento normal o anormal de los servicios públicos (...)».*

Sentencia del Tribunal Supremo, rec. 10869/1998, de 24 de febrero de 2004, ECLI:ES:TS:2004:1196

«Así, del examen de las Sentencias del Tribunal Supremo de 7 de abril, 19 de mayo y 19 de diciembre 1989, entre otras, se infiere que el criterio esencial para determinar la antijuridicidad del daño o perjuicio causado a un particular por la aplicación de un precepto legal o normativo debe ser el de si concurre o no el deber jurídico de soportar el daño, ya que las restricciones o limitaciones impuestas por una norma, precisamente por el carácter de generalidad de la misma, deben ser soportadas, en principio, por cada uno de los individuos que integran el grupo de afectados, en aras del interés público. Por su parte, el Tribunal Constitucional, en SS. núms. 37/1987, de 26 marzo, 65/1987, de 21 mayo, 127/1987, de 16 julio, 170/1989, de 19 octubre, y 41 y 42/1990, de 5 marzo, tiene declarado que no hay antijuridicidad ni, por tanto, derecho a indemnización en el ejercicio de las facultades del ordenamiento jurídico o de las potestades autoorganizatorias de los servicios públicos».

Sentencia del Tribunal Supremo, rec. 3197/1991, de 22 de abril de 1994, ECLI:ES:TS:1994:17354

«(...) El deber jurídico de soportar el daño existe cuando el lesionado se ha colocado en una situación de riesgo, tomando parte voluntariamente en una manifestación ilegal y violenta, lo que motivó una respuesta proporcionada en medios, modos y circunstancias por parte de las Fuerzas de Orden Público (...)».

Sentencia del Tribunal Supremo, rec. 9499/1998, de 20 de febrero de 2003, ECLI:ES:TS:2003:1128

«Como es sabido solo existen daños antijurídicos cuando la víctima no tiene el deber de soportar el daño, deber que surge, por todas, S. de 12 de junio de 2.001, de la concurrencia de un título que lo imponga, contrato previo, cumplimiento de obligación legal o reglamentaria, por cuanto la asunción voluntaria o por mandato legal del riesgo del servicio público, aceptado y consentido por persona encargada de la prestación de ese servicio, rompe la relación de causalidad cuando, como en el caso de autos, se toma de forma autónoma la decisión de actuar y el modo de hacerlo, de tal manera que el funcionario es quien toma la decisión de actuar y asume la dirección de la acción efectuada».

3.
RESPONSABILIDAD DE LA ADMINISTRACIÓN POR CAÍDAS EN LA VÍA PÚBLICA

Cuando hablamos de caídas en espacios públicos, como puede ser una calle, un parque, una plaza, etc., cabe plantearse la posibilidad de que pueda considerarse a la Administración responsable del accidente, naciendo en estos casos el derecho a una indemnización por los daños sufridos, si bien hay que tener en cuenta que deben de darse determinadas circunstancias, analizadas caso a caso, para que pueda apreciarse la responsabilidad de la Administración pública.

Hay que partir de la idea de que la Administración pública, en concreto las entidades de la Administración local, tienen la obligación inexcusable de mantener las vías públicas abiertas a la circulación peatonal y viaria en condiciones tales que la seguridad de quienes las utilizan esté normalmente garantizada. Tal y como señala la **sentencia del Tribunal Superior de Justicia de Madrid n.º 1041/2023, de 14 de diciembre, ECLI:ES:TSJM:2023:14909**: «(...) **no cabe duda que las caídas en las vías públicas pueden generar responsabilidad patrimonial, siempre que se pruebe la falta de mantenimiento de la vía que es competencia estricta de la Administración local**. Así, ha de recordarse que la falta de cuidado en el mantenimiento de las condiciones mínimas de seguridad en las calles ha sido apreciada por la jurisprudencia como constitutiva de responsabilidad patrimonial de la Administración municipal (SSTS 10 de noviembre y 22 de diciembre de 1994), pues es conocida la **competencia de los municipios para la "pavimentación de vías públicas urbanas"** lo que necesariamente incluye su mantenimiento, según lo dispuesto en el artículo 25.1.D) y 26.1. A) de la Ley 7/85, de 2 de abril, reguladora de las Bases de Régimen Local. En este sentido se expresa el artículo 21.1 del Real Decreto Legislativo 1/92, de 26 de junio, de Régimen de Suelo y Ordenación Urbana, (uso, conservación y rehabilitación de vías públicas urbanas)».

La responsabilidad de la Administración surge cuando el obstáculo en la calle supera lo que es el normal límite de atención exigible en el deambular, si bien no es posible reclamar una total uniformidad de la vía pública ni la inexistencia absoluta de elementos que interfieran en el tránsito de los peatones. Lo exigible es que el estado de la vía sea lo suficientemente uniforme y el paso aparezca adecuadamente expedito como para resultar fácilmente superable con el nivel de atención que, socialmente, es requerible. Es precisamente cuando sea necesario un nivel de atención superior cuando surgirá, en su caso, la relación de causalidad, siempre que no se rompa dicho nexo por un hecho de tercero o de la propia víctima, y en este sentido se pronuncian, entre otras, **la sentencia del Tribunal Superior de Justicia de Madrid n.º 31/2022, de 27 de enero, ECLI:ES:TSJM:2022:55,** o la **sentencia del Tribunal Superior de Justicia de Andalucía n.º 1351/2023, de 24 de mayo, ECLI:ES:TSJAND:2023:7270.**

Cabe citar aquí la **sentencia del Tribunal Superior de Justicia de Madrid n.º 1041/2023, de 14 de diciembre, ECLI:ES:TSJM:2023:14909,** que profundiza en este punto y añade que «(...) es cierto que la jurisprudencia viene reiterando que la responsabilidad de la Administración surge cuando **el obstáculo en la calle supera lo que es el normal límite de atención exigible.** En efecto, puede resumirse el criterio de la doctrina científica sobre el funcionamiento anormal de la Administración diciendo que es una actuación de forma objetivamente inadecuada, técnicamente incorrecta, con infracción de los estándares medios admisibles de rendimiento y calidad de los servicios, cuya concreción corresponde al Ordenamiento Jurídico y, en su defecto, al aplicador del Derecho. En cada momento histórico la actividad administrativa debe funcionar con arreglo a unos concretos parámetros de calidad, dependientes del nivel tecnológico, de la disponibilidad de recursos y del grado de exigencia social de los ciudadanos; la responsabilidad patrimonial es exigible cuando estos estándares son incumplidos y producen un daño. Tal responsabilidad no sólo tiene un contenido económico, sino que también "sanciona" el defectuoso funcionamiento del servicio o la total inactividad material de la Administración a fin de que actúe en consecuencia estimulándose el cumplimiento del deber de mantener las vías públicas en condiciones de seguridad de las vías públicas».

También el **Tribunal Superior de Justicia de Canarias en su sentencia n.º 259/2022, de 12 de mayo, ECLI:ES:TSJICAN:2022:4410,** se pronuncia sobre la obligación de la Administración de conservar las vías públicas en estos supuestos, limitándola en los casos de imposibilidad técnica, económica o jurídica, y confirmando la resolución dictada en primera instancia, destaca que «El deber de prestación del servicio público se detiene a las puertas de lo imposible, esto es, cuando hay imposibilidad técnica (carencia de medios, ingenios o soluciones para ofrecer una prestación eficaz, exacta e instantánea), imposibilidad económica (el servicio público supondría un coste tan desproporcionadamente elevado que rompería el equilibrio presupuestario y menoscabaría la mínima atención a otros servicios públicos de obligada prestación) o jurídica (la prestación del servicio en los términos exigidos está prohibida legalmente). Eso nos lleva a la decisión de oportunidad que recae sobre la Administración, pero sin que pueda perder de vista el nivel mínimo de atención y servicio, que resulta exigible socialmente en atención a las circunstancias del caso».

CUESTIÓN

¿Cuál es la normativa aplicable al caso?

Siguiendo lo expuesto en la **STSX Galicia n.º 270/2024, de 12 de julio, ECLI:ES:TSJGAL:2024:5144,** podemos afirmar que «los artículos 9.3 y 106.2 de la Constitución española consagran el principio de la responsabilidad indemnizatoria, que se desarrolla en los artículos 32 a 37 de la Ley 40/2015, de 1 de octubre, del régimen jurídico del sector público, así como en el artículo 54 de la Ley 7/1985, de 2 de abril, reguladora de las bases del régimen local, que señala que las entidades locales responderán directamente de los daños y perjuicios causados a los particulares en sus bienes y derechos como consecuencia del funcionamiento de los servicios públicos, entre los cuales se encuentra la conservación y el mantenimiento adecuados de su infraestructura viaria, como disponen sus artículos 25.2.d) y 26.1.a)».

3.1. Elementos constitutivos de la responsabilidad patrimonial de la Administración

Los elementos constitutivos de la responsabilidad patrimonial han sido analizados jurisprudencialmente en numerosas ocasiones, pudiendo destacar los siguientes (**STSX de Galicia n.° 634/2023, de 19 de julio, ECLI:ES: TSJGAL:2023:5300, o STSJ de Asturias n.° 558/2022, de 23 de junio, ECLI:ES:TSJAS:2022:2058**):

- Una lesión patrimonial equivalente a daño o perjuicio (en la doble modalidad de lucro cesante o daño emergente).
- Daño antijurídico que no hay obligación de soportar: la lesión se define como daño ilegítimo.
- Relación de causalidad: debe existir un vínculo entre la lesión (acto dañoso) y el agente que la produce (Administración pública).
- La lesión debe ser real y efectiva.

Citando la **sentencia del Tribunal Superior de Justicia de Madrid n.° 38/2023, de 16 de noviembre, ECLI:ES:TSJM:2023:12994**, «(...) para que resulte viable la reclamación de responsabilidad patrimonial de las Administraciones públicas, que el particular sufra una lesión en sus bienes o derechos que no tenga obligación de soportar y que sea real, concreta y susceptible de evaluación económica; que la lesión sea imputable a la Administración y consecuencia del funcionamiento normal o anormal de los servicios públicos y que, por tanto, exista una relación de causa-efecto entre el funcionamiento del servicio y la lesión, sin que ésta sea producida por fuerza mayor (STS de 20/06/06)».

Además, la mentada sentencia del TSJ de Madrid, en línea con lo dispuesto por nuestro Alto Tribunal, entre otras, en la **STS n.° 786/2023, de 13 de junio, ECLI:ES:TS:2023:2842**, también enumera los requisitos de la responsabilidad patrimonial de la Administración en los siguientes términos:

«(...) para apreciar la existencia de responsabilidad patrimonial de la Administración son precisos los siguientes requisitos:

a) La efectiva realidad del daño o perjuicio, evaluable económicamente e individualizado en relación con una persona o grupo de personas.

b) Que el daño o lesión patrimonial sufrida por el reclamante sea consecuencia del funcionamiento normal o anormal -es indiferente la calificación- de los servicios públicos, en una relación directa e inmediata y exclusiva de causa a efecto, sin intervención de elementos extraños que pudieran influir, alterando el nexo causal.

c) Ausencia de fuerza mayor.

d) Que el reclamante no tenga el deber jurídico de soportar el daño causado».

CUESTIÓN

¿Siempre que existe una caída en vía pública y se acredita el mal estado de la acera, hay responsabilidad patrimonial?

No, no necesariamente existe responsabilidad patrimonial de la Administración cuando se produce una caída en una vía pública en mal estado de conservación, sino que debe probarse la concurrencia de todos los elementos legalmente exigibles para apreciar la existencia de responsabilidad patrimonial. A modo de ejemplo cabe citar la **sentencia del Tribunal Superior de Xustiza de Galicia n.º 587/2024, de 19 de julio, ECLI:ES:TSJGAL:2024:5034**, que, a pesar de considerar probadas las lesiones de la recurrente, y el mal estado de la acera, entiende que «(...) no consta ni se ha acreditado la razón por la que se cayó la recurrente, era de día y con perfecta visibilidad cuando se produjo esa caída, y el desperfecto en la acera era visible y evitable».

La lesión patrimonial como punto de partida

Uno de los requisitos esenciales, que sirve como punto de partida a la hora de exigir responsabilidad a la Administración por una caída, es la efectiva realidad del daño o perjuicio evaluable económicamente e individualizado en relación con una persona o grupo de personas. Este requisito implica que el daño debe ser concreto y cuantificable, y debe afectar de manera específica a una persona o a un grupo determinado de personas.

Para ilustrar este requisito, consideremos un caso típico de caída en la vía pública. La persona afectada debe demostrar que ha sufrido un daño real y tangible, como, por ejemplo, lesiones físicas, que pueden ser acreditadas mediante informes médicos y pruebas documentales.

Así, en las reclamaciones patrimoniales deberán detallarse las lesiones sufridas, el tiempo de curación y la valoración económica de dichas lesiones conforme al baremo de valoración de lesiones y secuelas en accidentes de circulación vigente.

La jurisprudencia del Tribunal Supremo también ha subrayado la importancia de este requisito. En la **sentencia del Tribunal Supremo, rec. 120/2007, de 3 de mayo de 2011, ECLI:ES:TS:2011:2587**, se establece que la viabilidad de la acción de responsabilidad patrimonial de la Administración requiere, entre otros elementos, «(...) la efectiva realidad del daño o perjuicio, evaluable económicamente e individualizado en relación a una persona o grupo de personas (...)».

En resumen, para que una reclamación por responsabilidad patrimonial de la Administración sea viable, es fundamental que el reclamante demuestre la existencia de un daño que reúna las siguientes características:

- El daño debe ser **real** o efectivo.
- Debe ser **cuantificable**, o lo que es lo mismo, evaluable económicamente.
- Debe ser un daño **específico**.
- Tiene que poder ser **individualizado** en relación con una persona o grupo de personas.
- Debe ser **consecuencia directa del funcionamiento normal o anormal de los servicios públicos**, sin intervención de elementos extraños que puedan alterar el nexo causal.

> **CUESTIÓN**
>
> **¿Sobre quién recae la carga de la prueba del daño?**
>
> La carga de la prueba del daño recae en el demandante (STSX de Galicia n.º 634/2023, de 19 de julio, ECLI:ES:TSJGAL:2023:5300).

Por otra parte, no podemos olvidar, que la jurisprudencia ha considerado que esta lesión patrimonial debe ser **equivalente a daño o perjuicio, en la doble modalidad de daño emergente o lucro cesante**. Así aparece recogido, entre otras muchas, en la **STSJ de Madrid n.º 375/2023, de 30 de junio, ECLI:ES:TSJM:2023:8168**, o en la **sentencia de la Audiencia Nacional, rec. 50/2022, de 28 de febrero de 2024, ECLI:ES:AN:2024:884**, disponiendo esta última que la lesión debe ser «(...) consecuencia del funcionamiento de los servicios públicos, y ello con un sistema de responsabilidad basado en la lesión patrimonial, equivalente a daño o perjuicio, en la doble modalidad de daño emergente o lucro cesante, que ha de ser real, concreta, susceptible de evaluación económica e ilegítima o antijurídica, es decir que el particular no tenga el deber de soportar, precisándose asimismo la existencia de un nexo causal adecuado entre la acción u omisión administrativa y el resultado lesivo, así como, finalmente, la ausencia de fuerza mayor».

> **CUESTIONES**
>
> **1. ¿Qué se entiende por daño emergente?**
>
> Según la definición dada en el Diccionario del español jurídico de la RAE (DEJ RAE), por daño emergente se entiende el:
>
> *«Perjuicio ocasionado por la pérdida o deterioro de bienes o derechos que se encontraban incorporados al patrimonio de su titular.*
>
> *La indemnización por daño emergente comprende únicamente la cantidad necesaria para devolver el bien dañado al estado anterior al momento en que se produjo el evento lesivo o, en caso de no ser posible la reparación, para sustituirlo por otro de iguales características».*

2. ¿Qué se entiende por lucro cesante?

Siguiendo la definición facilitada por el DEJ RAE podemos afirmar que el lucro cesante es la «Ganancia o provecho que deja de reportarse a consecuencia de no haberse cumplido la obligación, o cumplido imperfectamente, o retardado su cumplimiento».

RESOLUCIÓN RELEVANTE

Sentencia del Tribunal Superior de Justicia de Castilla y León n.º 190/2023, de 11 de septiembre, ECLI:ES:TSJCL:2023:3326

Asunto: características del daño como elemento necesario para la responsabilidad patrimonial de la Administración

«A nivel jurisprudencial, se halla muy consolidada la doctrina establecida por el Tribunal Supremo al determinar los elementos necesarios para declarar la existencia de responsabilidad patrimonial de una Administración Pública, que a modo de síntesis se pueden concretar del siguiente modo: a) el primero de los elementos es la lesión patrimonial, equivalente a daño o perjuicio, en la doble modalidad de daño emergente o lucro cesante, lesión que ha de ser real, concreta y susceptible de evaluación económica; b) la lesión ha de ser ilegítima o antijurídica, es decir que el particular no tenga el deber de soportarla; c) debe existir un nexo causal adecuado, inmediato, exclusivo y directo entre la acción u omisión administrativa y el resultado lesivo; y, d) ausencia de fuerza mayor».

El daño antijurídico

El daño antijurídico es aquel que el particular no tiene el deber jurídico de soportar conforme a la ley. No todo daño causado por la Administración debe ser indemnizado; solo aquellos que se consideran antijurídicos, es decir, aquellos que no están justificados por el ordenamiento jurídico y que imponen una carga patrimonial singular al perjudicado.

Tal y como se recoge en la **sentencia del Tribunal Superior de Justicia de Murcia n.º 250/2024, de 30 de mayo, ECLI:ES:TSJMU:2024:1070**, lo relevante no es el hecho de la antijuridicidad de la actuación de la Administración, sino la antijuridicidad del resultado, entendiendo por tal que el ciudadano no tenga el deber jurídico de soportar dicho daño:

«(...)es doctrina jurisprudencial consolidada la que, entiende que la misma es objetiva o de resultado, de manera que lo relevante no es el proceder antijurídico de la Administración, sino la **antijuridicidad del resultado o lesión** aunque, como ha declarado igualmente en reiteradísimas ocasiones es imprescindible que exista nexo causal entre el funcionamiento normal o anormal del servicio público y el resultado lesivo o dañoso producido.

Es además jurisprudencia reiteradísima que solo son indemnizables las lesiones producidas provenientes de **daños que no haya el deber jurídico de soportar de acuerdo con la ley**. La antijuridicidad del daño viene exigiéndose por la jurisprudencia, en sentencias, entre otras muchas, de 22 de abril de 1994, que cita las de 19 enero y 7 junio 1988, 29 mayo 1989, 8 febrero 1991 y 2 noviembre 1993, según la cual: "esa responsabilidad patrimonial de la Administración se funda en el criterio objetivo de la lesión, entendida como daño o perjuicio antijurídico que quien lo sufre no tiene el deber jurídico de soportar, pues si existe ese deber jurídico decae la obligación de la Administración de indemnizar" (en el mismo sentido sentencias de 31-10-2000 y 30-10-2003)».

Por su parte, el **Tribunal Superior de Justicia de Castilla León en su sentencia n.º 1958/2015, de 15 de septiembre, ECLI:ES:TSJCL:2015:4099,** también se ha pronunciado sobre la necesaria antijuridicidad del daño a la hora de determinar la responsabilidad patrimonial de la Administración por una caída en vía pública, señalando que:

> «En cuanto a la antijuridicidad del daño, las SSTS de 7 de junio y 27 de septiembre de 2011 insisten en que "**no todo daño causado por la Administración ha de ser reparado, sino que tendrá la consideración de auténtica lesión resarcible, exclusivamente, aquella que reúna la calificación de antijurídica**, en el sentido de que el particular no tenga el deber jurídico de soportar los daños derivados de la actuación administrativa", recordando la STS de 21 de octubre de 2008 que con el requisito de la antijuridicidad " se viene a indicar que el carácter indemnizable del daño no se predica en razón de la licitud o ilicitud del acto causante sino de su falta de justificación conforme al ordenamiento jurídico, en cuanto no impone al perjudicado esa carga patrimonial y singular que el daño implica " y que **la antijuridicidad " no viene referida al aspecto subjetivo del actuar antijurídico de la Administración sino al objetivo de la ilegalidad del perjuicio,** en el sentido de que el ciudadano no tenga el deber jurídico de soportarlo, ya que en tal caso desaparecería la antijuridicidad de la lesión al existir causas de justificación en el productor del daño, esto es en el actuar de la Administración " (también la STS de 27 de mayo de 2011)».

Siguiendo lo dispuesto en la mentada sentencia podemos establecer los siguientes **criterios para valorar la ausencia de antijuridicidad:**

– Que la lesión se haya causado con contravención de cualquier norma aplicable al supuesto de que se trate, lo cual, a *sensu contrario* define como no antijurídica la lesión sufrida por el particular cuando existe algún precepto legal que le impone el deber de sacrificarse por la sociedad (**STS de 27 septiembre 1979, ECLI:ES:TS:1979:2288** y **STS, rec. 608/1993, de 10 de octubre de 1997, ECLI:ES:TS:1997:6018**).

– Que la lesión venga derivada de la situación de riesgo en que se colocó el propio perjudicado (**STS, rec. 5763/1995, de 18 de octubre de 1999, ECLI:ES:TS:1999:6452**).

– Que existan causas de justificación en el productor del daño, esto es en el actuar de la Administración que puedan hacer desaparecer la antijuridicidad (**STS, rec. 2034/1993, de 5 de febrero de 1996, ECLI:ES:TS:1996:661**).

– Que la ley faculte a la Administración para actuar de la manera en que lo ha hecho, es decir, cuando concurre una causa que excluye la antijuridicidad y un derecho que ampara el actuar administrativo, generando la obligación jurídica de soportar el daño (**STS, rec. 4880/1993, de 16 de diciembre de 1997, ECLI:ES:TS:1997:7711**).

– Que exista un título que imponga al administrado la obligación de soportar la carga (**STS de 3 enero 1979**).

CUESTIÓN

Para valorar la antijuridicidad y los riesgos que tienen que soportarse, ¿qué deben de tener en cuenta los tribunales?

Siguiendo lo dispuesto en la **sentencia del Tribunal Superior de Justicia de Asturias n.º 670/2023, de 16 de junio, ECLI:ES:TSJAS:2023:1510**, podemos responder que para llevar a cabo la valoración «(...) se toman como guía las reglas de la lógica, razón o buen sentido, pautas proporcionadas por las experiencias vitales o sociales o criterios acordes con la normalidad de las cosas ("quod plerumque accidit", según hemos visto) o del comportamiento humano ("quod plerisque contingit"), limitándose la verificación de estos juicios a su coherencia y razonabilidad, y que pueden determinar bien la moderación de la responsabilidad del causante mediante la introducción del principio de concurrencia de culpas, bien la exoneración del causante por circunstancias que excluyen la imputación objetiva cuando el nacimiento del riesgo depende en medida preponderante de aquella falta de atención y cuidado».

La necesaria relación de causalidad

La responsabilidad patrimonial de la Administración por caídas en la vía pública se fundamenta en la existencia de un nexo causal entre el funcionamiento de los servicios públicos y el daño sufrido por el particular.

Sobre el nexo causal en los supuestos de caídas en vía pública cabe resaltar lo dispuesto en la **sentencia del Tribunal Superior de Justicia de Madrid n.º 1041/2023, de 14 de diciembre, ECLI:ES:TSJM:2023:14909**, en la que se dice que:

«(...) la Administración Pública responde de forma directa e inexcusable de todo daño antijurídico siempre que sea causado por el funcionamiento de la actividad administrativa (artículo 139 y siguientes de la Ley de Procedimiento Administrativo) pero ello no significa que la responsabilidad patrimonial convierta a las Administraciones Públicas en aseguradoras universales de todos los riesgos sociales. **No puede garantizarse totalmente a los peatones que no sufrirán una caída en la calle y por tanto los viandantes, para evitar las caídas, han de observar también la diligencia debida** (STS 17-5-01 RCAs 7709/00) que será mayor o menor según las circunstancias personales de cada uno pues no es posible extender la cobertura del servicio público viario hasta garantizar la ausencia total de deficiencias que, aun siéndolo, difícilmente pueden ser consideradas como jurídicamente relevantes en la generación de un riesgo cuya producción constituya a la Administración en la obligación de resarcirlo por cuanto más que una ausencia de servicio o un servicio defectuoso tales deficiencias pueden encontrarse dentro de parámetros de razonabilidad que deben calificarse como riesgos socialmente admitidos propios de la vida colectiva y socialmente tolerados (STSJ La Rioja 24 de abril de 1999 recurso 433/97 RJCA 99/903)».

Al respecto de la relación de causalidad, ampliamente analizada por nuestra jurisprudencia, podemos destacar 4 aspectos recogidos, entre otras muchas, en la **sentencia de la Audiencia Nacional, rec. 1362/2020, de 16 de noviembre de 2023, ECLI:ES:AN:2023:5479**:

> «Respecto a la apreciación de la existencia de la relación de causalidad entre hecho y perjuicio, es preciso, según el Tribunal Supremo (Sentencias de 27 de octubre de 1998 o 4 de octubre de 1999), tener en cuenta los siguientes postulados: 1°) Entre las diversas concepciones con arreglo a las cuales la causalidad puede concebirse, se imponen aquellas que **explican el daño por la concurrencia objetiva de factores cuya inexistencia**, en hipótesis, **hubiera evitado aquél**; 2°) **no son admisibles**, en consecuencia, otras perspectivas tendentes a **asociar el nexo de causalidad con el factor eficiente**, preponderante, socialmente adecuado o exclusivo para producir el resultado dañoso, puesto que -válidas como son en otros terrenos- irían en éste en contra del carácter objetivo de la responsabilidad patrimonial de las Administraciones Públicas; 3°) la consideración de hechos que puedan determinar la ruptura del nexo de casualidad, a su vez, debe reservarse para aquellos que comportan **fuerza mayor** -única circunstancia admitida por la ley con efecto excluyente-, a los cuales importa añadir la intencionalidad de la víctima en la producción o el padecimiento del daño, o la gravísima negligencia de ésta, siempre que estas circunstancias hayan sido determinantes de la existencia de la lesión y de la consiguiente obligación de soportarla, y 4°) finalmente, el carácter objetivo de la responsabilidad impone que la **prueba de la concurrencia de acontecimientos de fuerza mayor o circunstancias demostrativas de la existencia de dolo o negligencia de la víctima** suficiente para considerar roto el nexo de causalidad **corresponda a la Administración**, pues no sería objetiva aquella responsabilidad que exigiese demostrar que la Administración que causó el daño procedió con negligencia, ni aquella cuyo reconocimiento estuviera condicionado a probar que quien padeció el perjuicio actuó con prudencia».

Hay que tener en cuenta que nuestros tribunales aluden a la llamada «teoría **de la causalidad adecuada**», que consiste en «(...) determinar si la concurrencia del daño era de esperar en la esfera del curso normal de los acontecimientos, o si, por el contrario, queda fuera de este posible cálculo, de tal forma que sólo en el primer caso, **si el resultado se corresponde con la actuación que la originó**, es adecuado a esta, se encuentra en relación causal con ella y sirve como fundamento del deber de indemnizar». Añadiendo que: «Esta causa adecuada o causa eficiente y exige un presupuesto, una "condictio sinequa non", esto es, un acto o un hecho sin el cual es inconcebible que otro hecho o evento se considere consecuencia o efecto del primero. Ahora bien, esta condición por sí sola no basta para definir la causalidad adecuada sino que es necesario, además, que resulte normalmente idónea para determinar aquel evento o resultado, tomando en consideración todas las circunstancias del caso; esto es, que exista una adecuación objetiva entre acto y evento, lo que se ha llamado la verosimilitud del nexo y sólo cuando sea así, dicha condición alcanza la categoría de causa adecuada, causa eficiente o causa próxima y verdadera del daño, quedando así excluidos tanto los actos indiferentes como los inadecuados o inidóneos y los absolutamente extraordinarios» (**STSJ de Asturias n.° 1093/2023, de 13 de noviembre, ECLI:ES:TSJAS:2023:2551**).

CUESTIÓN

1. ¿La relación de causalidad opera igual cuando estamos ante un comportamiento activo de la Administración y cuando estamos ante un comportamiento omisivo?

No, tal y como se recuerda en la **sentencia del Tribunal Superior de Justicia de Canarias n.º 259/2022, de 12 de mayo, ECLI:ES:TSJICAN:2022:4410**: «(...) la relación de causalidad no opera del mismo modo en el supuesto de comportamiento activo que en el supuesto de comportamiento omisivo. Tratándose de una acción de la Administración, basta que la lesión sea lógicamente consecuencia de aquélla. Problema distinto es si esa conexión lógica debe entenderse como equivalencia de las condiciones o como condición adecuada; pero ello es irrelevante en esta sede, pues en todo caso el problema es de atribución lógica del resultado lesivo a la acción de la Administración. En cambio, tratándose de una omisión de la Administración, no es suficiente una pura conexión lógica para establecer la relación de causalidad: si así fuera, toda lesión acaecida sin que la Administración hubiera hecho nada por evitarla sería Imputable a la propia Administración».

2. ¿A quién corresponde la carga de la prueba de la relación de causalidad?

La prueba de la relación de causalidad corresponde a quien formula la reclamación, y en este sentido se ha pronunciado el **Tribunal Superior de Justicia de Madrid en su sentencia n.º 938/2023, de 16 de noviembre, ECLI:ES: TSJM:2023:12994**, en la que se recuerda que «(...) como dice la sentencia de 18 de octubre de 2005, la carga de la prueba del nexo causal corresponde al que reclama la indemnización consecuencia de la responsabilidad de la Administración por lo que no habiéndose producido esa prueba no existe responsabilidad administrativa; en el mismo sentido la sentencia de 7 de septiembre de 2005, entre otras muchas. Esta doctrina no es sino manifestación del principio general que atribuye la carga de la prueba a aquel que sostiene el hecho (" semper necesitas probandi incumbit illi qui agit") así como los principios consecuentes recogidos que atribuyen la carga de la prueba a la parte que afirma, y no a la que niega (" ei incumbit probatio qui dicit non qui negat"), que excluye de la necesidad de probar los hechos notorios (" notoria non agent probatione") así como los hechos negativos indefinidos (" negativa non sunt probanda")».

RESOLUCIONES RELEVANTES

Sentencia del Tribunal Superior de Justicia de Asturias n.º 670/2023, de 16 de junio, ECLI:ES:TSJAS:2023:1510

Asunto: determinación del estándar de conservación exigible a la Administración

«El art. 25.2 b) y d) de la LBRL, en relación con el art. 3.1 del Reglamento de Bienes de las Entidades Locales, imponen la obligación de conservación de las vías y calles del casco urbano, a la Administración Municipal. No obstante, lo primero que incumbe al actor es acreditar ese nexo causal entre la deficiente conservación de la vía, de forma que supere el estándar de seguridad exigible a la Administración en el cumplimiento de sus obligaciones, y las lesiones. La Sentencia de esta misma Sala, del pasado 26 de octubre de 2020, afirma: " Así pues, en el campo que nos ocupa, de pavimentación y conservación de vías públicas, el estándar exigible dependerá de la naturaleza de la vía (ubicación, anchura y pendiente, condiciones de calidades de la zona, condiciones del proyecto original de urbanización, etcétera), su uso (mayor exigencia en calles céntricas, zonas de usuarios públicos por proximidad de centros

sanitarios o escolares, bibliotecas, mercados, etcétera) y de la entidad del desperfecto u obstáculo determinante del daño (profundidad, extensión, sobresaliente, perfil, etcétera), no generando responsabilidad los que sean insignificantes ni los de difícil evitación.

En esta línea, y en relación a las irregularidades del viario, hemos manifestado en numerosas sentencias que no existe relación de causalidad idónea cuando se trata de pequeños agujeros, separación entre baldosas, resaltes mínimos por instalación de tapas de alcantarillas o bases de los marmolillos, los cuales o son inocuos o son sorteables con la mínima diligencia y atención que es exigible para deambular por la vía pública a los peatones y al estándar de eficacia que es exigible a los servicios públicos municipales pues, en otro caso, se llegaría a la exigencia de un estándar de eficacia que excedería de los que comúnmente se reputan obligatorios en la actualidad para las Administraciones Públicas. En cambio, cuando se trata de un bache, socavón, adoquín sobresaliente, farolas truncadas por la base, ostensible desnivelación de rejillas, material suelto persistente en el tiempo, u otro elemento de mobiliario urbano que por su dimensión o ubicación representa un riesgo objetivo, difícilmente salvable o peligroso, hemos declarado la responsabilidad de la Administración, pero sin perder de vista la posible concurrencia de culpas si existen elementos de juicio para fundar una distracción o torpeza del peatón"».

Sentencia del Tribunal Superior de Justicia de Madrid n.º 871/2023, de 26 de octubre, ECLI:ES:TSJM:2023:11868

Asunto: la visibilidad del defecto y la evitabilidad de la caída como factores de desestimación

«Estos factores tanto la visibilidad del defecto como la evitabilidad de la caída vienen siendo utilizados por los Tribunales como fundamento para la desestimación de este tipo de reclamaciones. Así a modo de ejemplo cabe citar la sentencia del Tribunal Superior de Justicia de Andalucía de 14 de diciembre de 2015 (JUR 2016\48466) en la que se argumenta:

"[...] En efecto, la Sala respalda la hermeneusis que el Juez de instancia hace de las fotografías obrantes en autos y, también, la inferencia lógica de que, con vista de las mismas, el evento dañoso hay que atribuirlo al deambular desatento de la recurrente, pues, partiendo de la hora de su acaecimiento, 8,00 horas de la mañana, esto es, a plena luz del día, la parte del acerado que no tenía baldosas era perfectamente visible, de modo que, si la recurrente hubiese caminado atendiendo al lugar por el que transitaba, habría percibido, sin ninguna dificultad, la oquedad por ausencia de las mencionadas baldosas y, de esa manera, podría haber sorteado ese lugar. Por tanto, la conducta de la recurrente interrumpió la relación de causalidad entre la caída y el mal estado de la acera".

La sentencia del Tribunal Superior de Justicia de Cantabria de 27 de marzo de 2012 en la que se afirma

"[...] la Sala comparte el criterio que de forma impecable ha expuesto el juzgador a quo, so pena de convertir a la Administración en aseguradora universal. Lo cierto es que las fotografías donde se aprecia la ausencia de las baldosas también permite apreciar, además de la anchura de la acera y las claras posibilidades de sortear una imperfección netamente visible a simple vista si la deambulación se produce con un mínimo de atención, que ésta no podía haber sorprendido por ser reciente. Lo cierto es que todas las aceras contienen imperfecciones y desniveles, y sólo aquéllos no perceptibles o de difícil sorteamiento pueden ser imputados a la Administración, pues en los demás casos es la propia imprudencia del sujeto que camina sin prestar atención la causa eficiente origen de la caída".

> *O más recientemente la sentencia del Tribunal Superior de Justicia de Madrid de 29 de septiembre de 2016 en la que se razona*
>
> *"[...] compartimos el criterio del Juzgador acerca de que se trataba de un desperfecto, visible a simple vista, que la viandante debió sortear con un mínimo de diligencia. La acera se revela con una amplitud suficiente para sortear el indicado obstáculo y no existe acreditación alguna de que la deambulación no pudiera realizarse, en atención a las circunstancias, por una zona de la misma más segura que la deteriorada que reflejan las fotografías [...] "».*

3.2. La determinación de la indemnización por caídas en la vía pública

La valoración económica y reparación del daño antijurídico causado por una Administración pública se basa en varios principios fundamentales. En primer lugar, el daño alegado debe ser efectivo, evaluable económicamente e individualizado con relación a una persona o grupo de personas. Además, la lesión o el detrimento patrimonial debe ser antijurídico, no porque la conducta de su autor sea contraria a derecho, sino porque el sujeto que lo sufre no tenga el deber jurídico de soportarlo.

Cabe destacar lo dispuesto en el apartado 2 del art. 34 de la LRJSP con relación al cálculo de la indemnización y su remisión al conocido como baremo de tráfico:

> «La indemnización se calculará con arreglo a los criterios de valoración establecidos en la legislación fiscal, de expropiación forzosa y demás normas aplicables, ponderándose, en su caso, las valoraciones predominantes en el mercado. En los casos de muerte o lesiones corporales se podrá tomar como referencia la valoración incluida en los baremos de la normativa vigente en materia de Seguros obligatorios y de la Seguridad Social».

El mentado artículo recoge unos **criterios orientativos no vinculantes**, que sirven para determinar la cuantía reclamada de una manera objetiva (**STSJ de Andalucía n.º 454/2024, de 24 de abril, ECLI:ES:TSJAND:2024:9941**). Cabe destacar aquí lo dispuesto en la **sentencia del Tribunal Superior de Justicia de Valencia n.º 717/2014, de 13 de noviembre, ECLI:ES:TSJCV:2014:7845**, en la que se recalca este carácter orientativo pero no vinculante: «En el caso que nos ocupa la actora calcula la indemnización en su escrito de reclamación previa y también en la demanda acogiéndose al baremo anexo a la Ley de Responsabilidad Civil y Seguros en la Circulación de Vehículos a Motor, aunque como es sabido no es de preceptiva aplicación en los casos de reclamación de responsabilidad patrimonial, sino un criterio que puede tenerse en cuenta a tal fin. En este sentido, ha señalado el Tribunal Supremo, entre otras, en Sentencia de 25-6-07, con cita de doctrina expresada en la Sentencia de 4-2-05, que como hemos dicho en reiteradas Sentencias, por todas las de 23-1-01: "Las Normas Sobre Valoración de Daños Corporales obrantes en el Ámbito de Circulación de Vehículos de Motor, tienen un valor orientativo pero no vinculante para los Tribunales Sentenciadores."».

CUESTIÓN

Si en vía administrativa se reclamó una determinada cuantía en concepto de indemnización, ¿puede modificarse la misma cuando se acude a la vía judicial?

Sí, siempre que se respeten los hechos y la causa de pedir. En este sentido se pronuncia la **sentencia del Tribunal Superior de Justicia de Andalucía en su sentencia n.º 454/2024, de 24 de abril, ECLI:ES:TSJAND:2024:9941**, en la que se puede leer:

«(...) la STS de 28/01/2021 (RC 5982/2019) sienta una doctrina jurisprudencial sobre la desviación procesal en el ámbito de las reclamaciones de responsabilidad patrimonial a las Administraciones Públicas muy restrictiva al declarar que:

"Reclamada una indemnización en vía administrativa en evaluación de responsabilidad patrimonial, puede ésta modificarse en su cuantía en vía judicial en cuanto responda a los mismos hechos y causa de pedir, sin incurrir por ello en desviación procesal" (...).

(...)

(...) "No se incurre en desviación procesal cuando la parte pretende en su demanda un pronunciamiento que acoja o estime las consecuencias o efectos jurídicos que se incluyeron en la reclamación administrativa y que derivan de la misma causa de pedir, aunque tales consecuencias o efectos hayan disminuido o aumentado cuantitativamente por razón del tiempo que transcurrió entre la fecha de la reclamación y la fecha en que es presentada la demanda."».

La dificultad de valorar económicamente el daño producido es notable, especialmente cuando se reclaman daños materiales junto a daños morales. La jurisprudencia ha destacado en cuanto a la fijación de la indemnización, véase como ejemplo la **sentencia del Tribunal Superior de Justicia de Madrid n.º 073/2023, de 13 de diciembre, ECLI:ES:TSJM:2023:14843**, o con relación a una caída en unas escaleras de titularidad pública, la **sentencia del Tribunal Superior de Justicia de Valencia n.º 717/2014, de 13 de noviembre, ECLI:ES: TSJCV:2014:7845**, tres consideraciones que deben ser tenidas en cuenta:

- El principio de plena indemnidad o reparación integral de los daños y perjuicios causados.

- La determinación de la cuantía de la indemnización —*cuantum* indemnizatorio— es un juicio de valor que se encuentra reservado a los tribunales de instancia y debe respetarse en casación, salvo los casos en que se demuestre el error, irracionalidad o infracción de las normas que regulan la valoración de los medios de prueba.

- En el caso de daños morales, la fijación de la indemnización también corresponde a la primera instancia: «La fijación de la cuantía de la indemnización por los perjuicios morales sufridos, dado su componente subjetivo, queda reservada al prudente arbitrio del Tribunal de Instancia, sin que sea revisable en casación siempre que esté observado los criterios jurisprudenciales y reparabilidad económica del daño moral y de razonabilidad en su compensación». Es decir, la cuantía de la indemnización fijada por el tribunal de instancia no podrá ser revisada en casación salvo que la valoración de los daños sea contraria a las reglas de la sana crítica o falta de lógica incluso aunque el tribunal de casación tenga un criterio distinto al de instancia.

CUESTIONES

1. ¿Qué es el daño moral?

Citando al DEJ RAE podemos definir el daño moral como: «Daño que, por contraposición al patrimonial, no reviste carácter material, sino que afecta a bienes o derechos intangibles, causando afección o perturbación en el ánimo o dignidad de la persona».

2. ¿Cabe reclamar indemnización por daño moral en una caída en la vía pública?

Sí, nuestra jurisprudencia reconoce el derecho a reclamar los daños morales en los casos de reclamaciones patrimoniales a la Administración.

El cálculo de la indemnización

En virtud de lo dispuesto en el art. 34.3 de la Ley 40/2015, de Régimen Jurídico del Sector Público, la cuantía de la indemnización se calcula teniendo en cuenta el día en que la lesión efectivamente se produjo, sin perjuicio de que pueda actualizarse a la fecha en que finalice el procedimiento de responsabilidad conforme al Índice de Garantía de la Competitividad fijado por el INE, y de los intereses que pudieran corresponderle.

Con relación a los intereses el mentado artículo establece que los mismos se exigirán con arreglo a lo establecido en la Ley 47/2003, de 26 de noviembre, General Presupuestaria o, en su caso, a las normas presupuestarias de las comunidades autónomas. Estos intereses se deben actualizar a la fecha en que se finalice el procedimiento de responsabilidad.

En cuanto a la condena al abono de intereses, la **sentencia del Tribunal Superior de Justicia de Extremadura n.º 662/2022, de 15 de diciembre, ECLI:ES:TSJEXT:2022:1477**, señala que es doctrina reiterada que los mismos han de tenerse en cuenta desde que se produce la reclamación administrativa, no suponiendo un impedimento que la cuantía indemnizatoria se fije en la sentencia, concluyendo:

> «Por tanto, la cantidad que ha de ser fijada como indemnización a la que han de sumarse la correspondiente a intereses legales desde la reclamación administrativa, por cuanto, sin perjuicio de que sea en la sentencia donde finalmente se fija la cantidad debida, no puede obviarse que el derecho a la indemnización lo tenía ya la perjudicada con anterioridad, y que al menos desde la reclamación que efectúa ante la Administración tuvo ésta la oportunidad de valorar y, en su caso, abonar la cantidad que considerase procedente, tratándose de una deuda de valor».

A la hora de calcular la indemnización los tribunales también pueden tener en cuenta la coparticipación del perjudicado en la producción del daño, lo que puede conllevar una modulación indemnizatoria. En este sentido resulta relevante lo recogido en la **sentencia del Tribunal Superior de Justicia de Castilla y León n.º 1958/2015, de 15 de septiembre, ECLI:ES:TSJCL:2015:4099**:

> «En cuanto a la antijuridicidad del daño, las SSTS de 7 de junio y 27 de septiembre de 2011 insisten en que "no todo daño causado por la Administración ha de ser reparado, sino que tendrá la consideración de autén-

tica lesión resarcible, exclusivamente, aquella que reúna la calificación de antijurídica, en el sentido de que el particular no tenga el deber jurídico de soportar los daños derivados de la actuación administrativa", recordando la STS de 21 de octubre de 2008 que con el requisito de la antijuridicidad " se viene a indicar que el carácter indemnizable del daño no se predica en razón de la licitud o ilicitud del acto causante sino de su falta de justificación conforme al ordenamiento jurídico, en cuanto no impone al perjudicado esa carga patrimonial y singular que el daño implica " y que la antijuridicidad " no viene referida al aspecto subjetivo del actuar antijurídico de la Administración sino al objetivo de la ilegalidad del perjuicio, en el sentido de que el ciudadano no tenga el deber jurídico de soportarlo, ya que en tal caso desaparecería la antijuridicidad de la lesión al existir causas de justificación en el productor del daño, esto es en el actuar de la Administración " (también la STS de 27 de mayo de 2011).

De conformidad con dicha doctrina, la concurrencia de conductas que no llegan a excluir la responsabilidad patrimonial por concurrir entre la actuación administrativa y el resultado dañoso el nexo causal requerido, abren paso a la modulación indemnizatoria por la coparticipación del perjudicado en la producción del resultado lesivo. Así, la STS de 15 de marzo de 2011 declara que " es doctrina jurisprudencial consolidada la que sostiene la exoneración de responsabilidad para la Administración, a pesar del carácter objetivo de la misma, cuando es la conducta del propio perjudicado o la de un tercero la única determinante del daño producido aunque hubiese sido incorrecto el funcionamiento del servicio público (Sentencias, entre otras, de 21 de marzo, 23 de mayo, 10 de octubre y 25 de noviembre de 1995, 25 de noviembre y 2 de diciembre de 1996, 16 de noviembre de 1998, 20 de febrero, 13 de marzo y 29 de marzo de 1999) ". Y en igual sentido las SSTS de 28 de septiembre y 7 de octubre de 2011».

4.
LA POSTURA DE NUESTROS TRIBUNALES ANTE DETERMINADA CASUÍSTICA RELATIVA A CAÍDAS EN VÍA PÚBLICA

Tal y como recoge el párrafo primero del art. 32.1 de la Ley 40/2015, de 1 de octubre, de Régimen Jurídico del Sector Público: «1. Los particulares tendrán derecho a ser indemnizados por las Administraciones Públicas correspondientes, de toda lesión que sufran en cualquiera de sus bienes y derechos, siempre que la lesión sea consecuencia del funcionamiento normal o anormal de los servicios públicos salvo en los casos de fuerza mayor o de daños que el particular tenga el deber jurídico de soportar de acuerdo con la Ley».

En virtud de este derecho a la indemnización, son muchas las reclamaciones planteadas ante nuestros tribunales tras una caída en vía pública cuando la causa de la misma ha sido la mala conservación o falta de mantenimiento de esta, ya que está ampliamente reconocido por la jurisprudencia que «(...) que las caídas en las vías públicas pueden generar responsabilidad patrimonial, siempre que se pruebe la falta de mantenimiento de la vía que es competencia estricta de la Administración local (...)», y que «(...) la falta de cuidado en el mantenimiento de las condiciones mínimas de seguridad en las calles ha sido apreciada por la jurisprudencia como constitutiva de responsabilidad patrimonial de la Administración municipal (...)» (**sentencia del Tribunal Superior de Justicia de Madrid n.º 1041/2023, de 14 de diciembre, ECLI:ES:TSJM:2023:14909**).

En este tema analizamos la respuesta de los tribunales a algunos de estos supuestos para obtener una visión más clara de cómo se deben de enfocar estas reclamaciones y cuales son aquellos casos que tienen una mayor posibilidad de prosperar en vía judicial.

Responsabilidad de la Administración tras una caída en un paso de peatones por una mancha de aceite

‖ **Sentencia del Tribunal Supremo, rec. 7044/1998, de 16 de diciembre de 2002, ECLI:ES:TS:2002:8441**

En este caso la sala analiza la responsabilidad patrimonial de la Administración por la caída de una peatona en una vía pública debido a una mancha de aceite. La Administración local acepta la existencia del accidente, pero niega que se debiera a un mal funcionamiento de sus servicios. Argumenta que la policía local dio aviso al servicio de bomberos, que actuó con prontitud. Sin embargo, la Sala considera que la actuación de la policía local no fue suficiente, ya que no se tomaron todas las precauciones necesarias para evitar el accidente, como regular el tráfico hasta la llegada de los bomberos. Por tanto, se concluye que hubo un mal funcionamiento de los servicios municipales.

El ayuntamiento recurre la sentencia alegando que no existió nexo causal entre el funcionamiento del servicio público y la lesión producida, y que la cuantificación del daño se basó en criterios posteriores al momento del accidente. El Tribunal Supremo desestima ambos motivos de casación. Considera que la inactividad de la policía local fue determinante del resultado lesivo y que la cuantificación del daño fue razonable y objetiva, aunque se utilizara una norma posterior.

> «(...) constituye un anormal funcionamiento de los servicios municipales, que deben vigilar por el buen estado de las vías públicas, pero, aun aceptando que el aceite hubiese sido derramado por un tercero, a cuya negligencia o dolosa conducta debiera atribuirse la responsabilidad de lo sucedido, tal eventualidad no rompe la relación de causalidad entre la actuación del servicio público y la caída de la demandante al suelo, ya que, como con todo acierto señala el Tribunal "a quo" en la sentencia recurrida, no se adoptaron todas las precauciones hasta que desapareciese el riesgo mediante la regulación del tránsito de peatones y vehículos, pues el aviso de la policía local al Servicio de Bomberos a las 19'25 horas demuestra que aquella conocía dicha situación, al menos a esa hora, y la caída de la peatón se produjo a las 19'30 horas, es decir cinco minutos después que dicho Servicio de Bomberos hubiese recibido el aviso de la policía local, cuyo deber, mientras aquel acudía a limpiar la mancha de aceite, era regular oportuna y diligentemente el tráfico rodado y de viandantes, de modo que, al no hacerlo, su inactividad fue determinante del resultado lesivo producido y acarreó, en suma, la responsabilidad patrimonial declarada en la sentencia recurrida».

Responsabilidad de la Administración por un hilo atado entre dos árboles por un tercero

|| **Sentencia del Tribunal Supremo, rec. 1988/2002, de 5 de julio, ECLI:ES:TS:2006:4124**

La sentencia en cuestión aborda la responsabilidad patrimonial del Ayuntamiento de Murcia por las lesiones sufridas por una ciudadana debido a una caída en la vía pública. La caída fue causada por un hilo atado entre dos árboles a una altura de aproximadamente 10 cm del suelo, lo que provocó que la perjudicada tropezara y se golpeara el mentón contra el suelo. La sentencia de instancia reconoció la responsabilidad del Ayuntamiento y fijó una indemnización de 15.499.422 pesetas, aunque se habían solicitado 37.389.317 pesetas.

El Ayuntamiento de Murcia interpuso un recurso de casación alegando que la caída fue causada por un tercero desconocido y que no se podía imputar a la Administración. Además, cuestionó la valoración de la prueba pericial realizada por el tribunal de instancia. Por su parte, la perjudicada también interpuso un recurso de casación argumentando que la indemnización fijada no era congruente con el baremo legal aplicable y que la sentencia no había considerado adecuadamente la compatibilidad de las indemnizaciones laborales y las derivadas de la responsabilidad patrimonial de la Administración.

El Tribunal Supremo desestimó ambos recursos. En cuanto al recurso del ayuntamiento, el Tribunal concluyó que la responsabilidad patrimonial de la Administración es objetiva y que aquél no probó que el hilo hubiera sido colocado por terceros con la suficiente proximidad temporal como para eximir su responsabilidad. Respecto al recurso de la lesionada, el Alto Tribunal consideró que no había incongruencia en la sentencia de instancia y que la cuantía de la indemnización estaba debidamente fundamentada y ajustada a derecho.

En resumen, la sentencia confirma la responsabilidad patrimonial del Ayuntamiento de Murcia y la indemnización fijada por el tribunal de instancia, desestimando los recursos interpuestos por ambas partes, destacando:

> «(...) las lesiones de la actora, por las que reclama, se produjeron como consecuencia de una caída en una vía pública, ante un obstáculo absolutamente imprevisible, como era un hilo atado entre dos árboles, obstáculo este cuya realidad y configuración no puede ser abarcado por cualquier peatón que circula en condiciones normales por una vía pública cuyo adecuado estado de conservación para asegurar la normal deambulación de aquellos sin riesgos imprevisibles y por tanto inevitables, corresponde a los Ayuntamientos, no habiendo probado el Ayuntamiento recurrente, como le hubiera correspondido a efectos de poder eximir su responsabilidad, que el hilo entre los árboles se hubiese colocado por terceras personas, con una proximidad temporal tal, al momento en que se produjo la caída, que hubiese hecho imposible velar por el adecuado mantenimiento de la vía pública, quitando el obstáculo colocado y siendo ello así es evidente que, según lo que antes se ha argumentado, concurren los requisitos definidores de la responsabilidad patrimonial, pues se ocasionó (...) un daño antijurídico, derivado de un indebido funcionamiento de un servicio municipal, al no vigilar el estado de la vía pública, generando un riesgo que superó los ordinarios estándares de seguridad (...)».

Fallecimiento debido a una caída por el suelo resbaladizo de una plaza: responsabilidad de la Administración

‖ **STSJ de Andalucía, rec. 555/2021, de 11 de diciembre de 2023, ECLI:ES:TSJAND:2023:15877**

Esta sentencia aborda la responsabilidad patrimonial de la Administración por la caída de un ciudadano en la vía pública, específicamente en la Plaza

Nueva de Sevilla, que resultó en su fallecimiento. La reclamación fue inicialmente desestimada por silencio administrativo, lo que llevó a los recurrentes a presentar un recurso.

La Administración y la aseguradora se opusieron a la reclamación, argumentando la inexistencia de antijuridicidad y nexo causal. Alegaron que no se había probado el lugar exacto de la caída ni las circunstancias específicas que la provocaron. Además, señalaron que el pavimento de mármol de la plaza, aunque resbaladizo, no presentaba deficiencias importantes y que la normativa vigente en el momento de la reurbanización de la plaza en 2006 no se había incumplido.

El tribunal de apelación confirmó la sentencia de instancia, considerando que:

- Existencia de pavimento resbaladizo: se acreditó que el pavimento de mármol de la plaza en donde ocurrieron los hechos es resbaladizo, especialmente en días de lluvia.

- Relación de causalidad: se estableció una relación de causalidad entre la caída y el estado del pavimento, considerando que la caída se produjo en un lugar con pavimento resbaladizo y que el fallecido resbaló precisamente por esta característica del suelo.

- Normativa de accesibilidad: se constató que la normativa vigente en 2006 exigía que los pavimentos fueran antideslizantes, y que la Administración no cumplió adecuadamente con esta obligación.

- Concurrencia de culpa: se rechazó la concurrencia de culpas, argumentando que la Administración tenía la obligación de garantizar la seguridad del pavimento y que no se había demostrado que el fallecido actuara de manera negligente.

Es decir, la caída se produce porque el material del suelo de la plaza era resbaladizo, a lo que la Administración responde que la presencia de ese material, aun cuando la plaza se ha reformado recientemente, no es un incumplimiento de su deber ya que el espacio tiene la condición de bien de interés cultural, por lo que no es posible reemplazar el material del suelo. Ante las alegaciones de la Administración el Tribunal razona lo siguiente:

> «Y no se nos diga que eso no es posible sin desinstalar (y remplazar por otros materiales) el suelo de mármol, con la consiguiente afección a la fisonomía de la plaza conforme a su presentación tradicional; pues la parte actora (ahora apelada) insiste, con apoyo en la pericia aportada, en que resulta técnicamente posible realizar actuaciones adecuadas para evitar deslizamientos en el suelo de mármol de la plaza, sin desfigurarlo significativamente ni alterar su estado exterior y calidades estéticas (así, refiere la posibilidad de poner una imprimación antideslizante) y frente a esta aseveración, que permite cohonestar la protección del patrimonio -y la preservación de su estética- con la seguridad de los viandantes, nada útil se ha opuesto de contrario.
>
> Precisamente porque existía, al tiempo de la reforma del espacio aquí concernido, la obligación jurídica de procurar que el pavimento no fuera deslizante, tampoco cabe decir, para eludir la responsabilidad, que las circunstancias y calidades del pavimento de la Plaza Nueva son antiguas en

el tiempo y bien conocidas. Dejando de lado que tal conocimiento no puede presumirse sin más en cualquier persona que transite por ese espacio, en todo caso subsiste la obligación de la Administración, impuesta por la norma, de evitar la posibilidad del resultado lesivo mediante la colocación de pavimento no deslizante; obligación que no había sido cumplida al tiempo de los hechos.

Es, pues, el incumplimiento de su deber por la Administración el que da pie para afirmar la relación de causalidad que opera como presupuesto de la responsabilidad indemnizatoria, y rechazar la concurrencia de culpas que las ahora apelantes aducen; pues valorando de nuevo casuísticamente las circunstancias del caso, no apreciamos que quepa reprochar al accidentado (un señor anciano, con las lógicas limitaciones inherentes a su edad), un caminar descuidado o falto de diligencia por su parte, cuando la propia Administración tenía que haber despejado el peligro instalando pavimento no deslizante, y tampoco se ha dicho ni acreditado que hubiera n el lugar d los hechos cualquier clase de señal visible que advirtiera de forma eficaz sobre la posibilidad o riesgo de resbalones por causa de la pavimentación existente».

El tribunal concluye que la Administración es responsable patrimonialmente por la caída y el posterior fallecimiento del ciudadano, debido a la falta de adecuación del pavimento a las normas de seguridad exigidas. La sentencia reafirma la obligación de la Administración de mantener en buen estado las vías públicas y de adoptar medidas para evitar riesgos a los ciudadanos.

Caída en el acceso a un monumento arqueológico: responsabilidad de la Administración

Sentencia del Tribunal Superior de Justicia de Andalucía n.º 454/2024, de 24 de abril, ECLI:ES:TSJAND:2024:9941

En el presente caso, se analiza la responsabilidad patrimonial de la Administración derivada de una caída en un monumento histórico gestionado por la Junta de Andalucía, que causó lesiones graves a la demandante. La reclamación inicial fue desestimada por silencio administrativo, lo que llevó a la actora a presentar una demanda judicial.

La demandante formaba parte de un grupo que visitaba un yacimiento arqueológico en Málaga. Durante la visita, la demandante cayó en un hoyo cubierto por hierba alta en un camino señalizado, sufriendo graves lesiones en el tobillo. La reclamación patrimonial se presentó ante la Consejería de Cultura, cifrando los daños en 33.758 euros, posteriormente incrementados a 66.258 euros en la demanda judicial.

La sentencia analizada destaca los siguientes aspectos:

– **Responsabilidad patrimonial de la administración**: la actora basa su reclamación en el artículo 106 de la Constitución y el artículo 32 de la Ley 40/2015, que establecen los requisitos para la indemnización por responsabilidad patrimonial de la Administración:

- Daño evaluable económicamente.
- Daño antijurídico.
- Imputabilidad a la Administración.
- Relación de causalidad directa.
- Ausencia de fuerza mayor.
- **Valoración de la prueba**: la prueba documental y pericial, incluyendo informes médicos y testimonios, acreditó la existencia del daño y la falta de mantenimiento adecuado del camino por parte de la Administración. Se concluyó que la hierba alta impedía la visibilidad del hoyo, lo que constituye un funcionamiento anormal del servicio público.
- **Nexo causal**: se determinó que la caída y las lesiones fueron consecuencia directa de la falta de mantenimiento del camino, imputable a la Administración. La Administración alegó que se adoptaron medidas razonables para garantizar la seguridad, pero la prueba demostró que estas medidas no se implementaron antes del accidente, señalándose en la sentencia que: «(...) en ningún momento las visitantes se apartaron de los caminos señalizados y se adentraron monte a través, ni para subir ni para bajar y lo hicieron con precaución debido a la irregularidad del terreno y debido a la hierba alta la actora no pudo percatarse de un hoyo o agujero de suficiente envergadura para meter el pie provocando la factura en L. Por tanto no era una mera irregularidad propia del terreno sino un agujero como coincidieron todos los testigos de una dimensión suficientemente grande como para introducir el pie».
- **Indemnización**: la demanda duplicó la cuantía reclamada inicialmente en vía administrativa. Sin embargo, se aplicó la doctrina del Tribunal Supremo que permite modificar la cuantía en vía judicial si responde a los mismos hechos y causa de pedir. Finalmente, se consideró justificada la cantidad inicial de 33.758 euros, desestimando el aumento solicitado en la demanda.

El tribunal concluyó que concurren los requisitos para declarar la responsabilidad patrimonial de la Administración, ya que el camino señalizado para tránsito de visitantes no cumplía las condiciones mínimas de conservación y mantenimiento suficiente a las que estaba obligada la Administración, condenándola a indemnizar a la demandante con 33.758 euros por las lesiones y secuelas sufridas debido a la falta de mantenimiento del camino en el yacimiento arqueológico.

Caída por una placa de hielo en una acera: moderación de la responsabilidad por falta de diligencia del ciudadano

|| **Sentencia del Tribunal Superior de Justicia de Madrid**
|| **n.º 992/2022, de 2 de diciembre, ECLI:ES:TSJM:2022:14574**

La sentencia valora la responsabilidad patrimonial de la Administración en relación con un accidente ocurrido en la vía pública, donde el recurrente sufrió una caída debido a una placa de hielo en la acera, resultando en una fractura de tobillo. La resolución recurrida desestimó la reclamación de indemnización presentada por el lesionado, argumentando que no se había confirmado la relación de causalidad entre el funcionamiento del servicio público y la lesión producida.

El objeto de la sentencia es determinar si la Administración es responsable de indemnizar al recurrente por los daños sufridos debido a su caída en la vía pública, y si procede moderar la indemnización en función de la concurrencia de causas.

La sentencia analiza los requisitos de la responsabilidad patrimonial de las Administraciones Públicas conforme al artículo 32 de la Ley 40/2015 y el artículo 106.2 de la Constitución española. Estos requisitos incluyen la existencia de una lesión real y evaluable económicamente, que sea antijurídica, imputable a la Administración y consecuencia del funcionamiento normal o anormal de los servicios públicos, concluyendo que la caída fue causada por la formación de una placa de hielo debido a la falta de mantenimiento tanto del canalón de un edificio como de la acera. La Administración es responsable del mantenimiento de la vía pública, y su deficiente estado contribuyó a la caída.

Sin embargo, la sentencia aborda el tema de la **moderación de la indemnización**, reconociendo una concurrencia de causas en el accidente:

– La falta de mantenimiento de la acera y del canalón.

– Y la falta de precaución del propio recurrente al caminar por la zona afectada.

En consecuencia, se decide moderar la indemnización, atribuyendo un 50 % de responsabilidad a la Administración y el otro 50 % al propio perjudicado, por tanto, la sentencia concluye que la Administración es parcialmente responsable de los daños sufridos por el reclamante debido a la falta de mantenimiento de la vía pública, pero también reconoce la contribución del propio perjudicado al accidente. Por tanto, se establece una indemnización moderada, repartiendo la responsabilidad entre ambas partes.

Caída provocada por la falta de una arqueta en el puerto: responsabilidad de la Administración y limitación de la indemnización por lesiones previas

Sentencia del Tribunal Superior de Justicia de Galicia n.º 320/2024, de 25 de junio, ECLI:ES:TSJGAL:2024:4981

Esta sentencia examina la responsabilidad patrimonial de la Administración por la caída de un ciudadano en una arqueta sin tapa y sin señalización en una zona de deficiente iluminación. El accidente ocurrió cuando el particular se dirigía a su trabajo en el muelle. La caída le causó lesiones en la rodilla, pierna y hombro izquierdo, que el reclamante valoró en 95.623,82 euros según la Ley 35/2015, de 22 de septiembre. La reclamación de responsabilidad patrimonial fue desestimada por silencio administrativo, y se argumenta que la Autoridad Portuaria es responsable por no garantizar la seguridad de los peatones, conforme a la Ley 10/2014, de 3 de diciembre, de accesibilidad (de Galicia) y los artículos 32 y siguientes de la Ley 40/2015 de Régimen Jurídico del Sector Público.

La contestación a la demanda sugiere que la víctima pudo haber sido negligente al no advertir el agujero, lo que podría romper el nexo causal o determinar una concurrencia de causas, limitando la responsabilidad de la Administración. Además, se argumenta que el accidente ocurrió en el itinerario diario del lesionado, quien debía conocer la anomalía, y que la arqueta es parte de una concesión a una empresa, por lo que el mantenimiento correspondería al concesionario.

La sentencia concluye que la responsabilidad patrimonial de la Administración se configura como objetiva, requiriendo una relación de causalidad entre el funcionamiento de los servicios públicos y el daño. En este caso, se reconoce la caída y las lesiones, así como la competencia de la Autoridad Portuaria sobre la zona del accidente. Aunque la arqueta forma parte del sistema de evacuación de la nave concesionada, la Autoridad Portuaria reparó la tapa posteriormente, lo que indica su responsabilidad en garantizar la seguridad del espacio público:

> «A partir de lo expuesto, se introduce un dato por la defensa de la parte demandada y codemandada, corroborado a través del informe de la Autoridad Portuaria. A partir del mismo, puede deducirse la competencia de la zona en la que se produjo el accidente [3ª línea del muelle (...)], de dicha Administración pública, atendido que el terreno en el que se produjeron los hechos, forma parte del dominio público portuario (...)».

Finalmente, se valora que las lesiones fueron una agravación de una condición previa, asignando un porcentaje causal del 5 % al accidente. La demanda se estima parcialmente, fijando una indemnización de 12.899,51 euros.

Tropiezo con una vaya: no responsabilidad por ser las vallas visibles

Sentencia del Tribunal Superior de Justicia de Castilla la Mancha n.º 152/2024, de 12 de julio, ECLI:ES:TSJCLM:2024:1818

La sentencia apelada desestimó el recurso contencioso-administrativo interpuesto por la recurrente contra la desestimación presunta por silencio administrativo del Ayuntamiento de Urda, en relación con una reclamación de responsabilidad patrimonial. La reclamación se basaba en un accidente ocurrido durante un concurso de migas organizado por el Ayuntamiento en el campo de fútbol de la localidad. La actora alegó que **tropezó con la base de una valla metálica parcialmente cubierta por arena**, lo que le causó una caída y lesiones, solicitando una indemnización de 40.309,34 €.

La sentencia de primera instancia desestimó la reclamación por dos razones principales:

1. Falta de acreditación del accidente: la sentencia consideró que no estaba probada la forma en que se produjo el accidente, ya que ningún testigo vio la caída.

2. No responsabilidad de la Administración: la sentencia concluyó que la valla no requería señalización adicional, ya que era visible y no constituía un obstáculo insalvable. Se consideró que la actora debía haber tenido un nivel de atención suficiente para evitar el tropiezo.

En el recurso de apelación, se argumentó que sí había un testigo que vio la caída, lo cual fue corroborado por la declaración de un testigo que afirmó que la actora tropezó con la base de una valla parcialmente cubierta por arena. Sin embargo, la sala de apelación compartió la valoración de la prueba y la conclusión de la sentencia de primera instancia, destacando que:

- Las vallas eran visibles, de color amarillo y homologadas.
- No se examinó la valla específica debido a que no se notificó el accidente a la Policía Local en el momento de los hechos.
- Las vallas eran comunes y conocidas por la población, utilizadas habitualmente en eventos municipales.
- La base de la valla tenía una altura mínima para garantizar su estabilidad, y el tropiezo solo podría ocurrir por distracción.
- La base de la valla, al estar parcialmente cubierta por arena, reducía su relieve, haciendo aún más improbable el tropiezo.

En conclusión, el tribunal determinó que no existía un nexo causal entre la caída y una falta de previsión o señalización por parte del Ayuntamiento. Se consideró que el daño no era antijurídico, ya que el riesgo inherente a caminar por el pasillo creado por las vallas no superaba los límites de los usos normales del mobiliario urbano y los estándares de seguridad exigibles a la administración. Por lo tanto, se desestimó el recurso de apelación y se excluyó cualquier posible responsabilidad patrimonial del Ayuntamiento.

Tropiezo de un menor con un alcorque: no responsabilidad de la Administración por falta de relación de causalidad

‖ **Sentencia del Tribunal Superior de Justicia de Valencia n.º 599/2024, de 20 de junio, ECLI:ES:TSJCV:2024:3224**

La sentencia en cuestión aborda la responsabilidad patrimonial de la Administración por las lesiones sufridas por un menor tras caer y golpearse con un alcorque metálico en la vía pública.

El recurso de apelación fue interpuesto por la madre del menor, quien solicitaba una indemnización de 41.534,90 euros por las lesiones sufridas por su hijo. La demanda se basaba en la supuesta falta de mantenimiento adecuado del alcorque por parte del ayuntamiento, lo que habría causado la caída y las lesiones del menor.

La sentencia desestima el recurso de apelación, confirmando la decisión del juzgado a quo de no reconocer la responsabilidad patrimonial del ayuntamiento. Los fundamentos de la sentencia se centran en varios puntos clave:

– **Nexo causal**: la sentencia establece que para declarar la responsabilidad patrimonial es necesario demostrar un nexo causal entre el daño y el funcionamiento del servicio público. En este caso, no se acreditó de manera concluyente cómo ocurrió la caída del menor, es decir, si fue por tropezar con el alcorque o por otra causa.

– **Estado del alcorque**: las pruebas fotográficas mostraron que el alcorque sobresalía un máximo de 1 cm en algunas partes, lo cual no se consideró un factor de riesgo significativo ni un incumplimiento de la normativa vigente.

– **Deber de vigilancia**: se destacó que el menor estaba acompañado por sus padres, quienes tenían el deber de vigilancia. La acera era suficientemente ancha y los alcorques eran fácilmente eludibles, lo que sugiere que la caída podría haberse evitado con una mayor diligencia por parte de los padres.

– **Previsibilidad del obstáculo**: la sentencia argumenta que los alcorques son elementos ordinarios y previsibles en la vía pública. La previsibilidad de estos elementos rompe la relación causal entre el daño y la actuación pública, exonerando así al ayuntamiento de responsabilidad.

– **Principio de responsabilidad patrimonial**: se reitera que la responsabilidad patrimonial de la Administración no convierte a esta en una aseguradora universal de todos los riesgos. Solo se responde por daños que sean consecuencia directa del funcionamiento del servicio público, lo cual no se acreditó en este caso.

En conclusión, la sentencia desestima el recurso de apelación al no encontrar pruebas suficientes que demuestren que las lesiones del menor fueron causadas por un funcionamiento anormal del servicio público municipal.

No responsabilidad de la Administración por una caída al tratarse de un desperfecto visible y evitable

|| **Sentencia del TSJ de Galicia n.º 587/2024, de 19 de julio,**
|| **ECLI:ES:TSJGAL:2024:5034**

Esta sentencia se pronuncia sobre la falta de responsabilidad de la Administración por la caída sufrida por la recurrente en una acera de la Calle San Andrés de A Coruña. La perjudicada, de 62 años, sufrió una caída el 15 de mayo de 2018 en la vía pública, resultando en una fractura de peroné y tendinitis en el brazo. La reclamación por responsabilidad patrimonial fue presentada ante el Ayuntamiento de A Coruña el 22 de agosto de 2018, siendo desestimada por silencio administrativo, motivando que la recurrente interpusiese recurso contencioso-administrativo, que fue desestimado en primera instancia.

Razona el TSJ que la sentencia apelada concluye que la acera era transitable y el desperfecto en el enlosado era visible y evitable. Los testigos confirmaron que el obstáculo era perceptible a simple vista y que la acera tenía al menos dos metros de ancho, permitiendo esquivar el desperfecto sin dificultad. Destaca también que ninguno de los testigos presenció la caída, solo vieron a la demandante ya en el suelo, lo que impide determinar con certeza la causa de la caída.

Además, la sala valora que la visibilidad era adecuada al momento de la caída (13:00 horas), y no se documentaron otras caídas en el mismo lugar, lo que refuerza la conclusión de que el desperfecto no era una trampa.

En su virtud, concluye que no se cumplen los requisitos para imputar responsabilidad a la Administración, ya que la caída se atribuye a la falta de diligencia de la actora. La visibilidad del obstáculo y la posibilidad de esquivarlo eximen al Ayuntamiento de A Coruña de responsabilidad.

Dado que en la apelación se reiteran los argumentos ya desestimados sin aportar nuevas razones que desvirtúen la valoración de la prueba realizada en la sentencia apelada, se confirma la falta de responsabilidad de la Administración en la caída sufrida por la recurrente, desestimando el recurso de apelación y manteniendo la resolución inicial:

> «(...) No se ha acreditado en el presente caso la concurrencia de todos los elementos legalmente exigibles para apreciar la existencia de responsabilidad patrimonial, dado que no consta ni se ha acreditado la razón por la que se cayó la recurrente, era de día y con perfecta visibilidad cuando se produjo esa caída, y el desperfecto en la acera era visible y evitable».

La visibilidad del defecto y la evitabilidad de la caída como factores para desestimar reclamaciones de responsabilidad patrimonial por caídas

‖ **Sentencia del Tribunal Superior de Justicia de Madrid n.º 871/2023, de 26 de octubre, ECLI:ES:TSJM:2023:11868**

En este caso la reclamación de responsabilidad a la Administración viene tras un accidente ocurrido en la entrada de un «pipican» en Torrejón de Ardoz. La demandante sufrió una caída al tropezar con un desnivel en la entrada del recinto, lo que motivó su reclamación.

El tribunal de instancia desestimó la reclamación argumentando que, aunque se probó la existencia del desnivel y la caída, no se acreditó suficientemente la relación causal entre el desperfecto y el accidente. Se destacó que el desnivel era visible y evitable, y que la demandante debió haber transitado con mayor prudencia, especialmente al ser su primera vez en el lugar. Además, no se presentaron pruebas de reclamaciones previas por accidentes similares en el mismo sitio.

En apelación, la representación de la perjudicada argumentó que la sentencia de instancia no valoró adecuadamente las pruebas y testimonios que indicaban el mal estado del «pipican» y la necesidad de reparaciones, señaladas también por la Policía Local. Sin embargo, el tribunal de apelación confirmó la sentencia inicial, subrayando que la entrada al «pipican» no es una vía pública sino una instalación municipal para uso de animales, y que la responsabilidad de la Administración no puede extenderse a garantizar la ausencia total de deficiencias en tales instalaciones.

El tribunal concluyó que la caída fue atribuible a la falta de diligencia de la demandante, quien debía haber extremado el cuidado al transitar por un lugar nuevo para ella y su perro. La visibilidad y evitabilidad del obstáculo fueron factores determinantes para desestimar la reclamación, siguiendo la jurisprudencia que establece que la Administración no es una aseguradora universal de todos los riesgos sociales.

Obligación del peatón de extremar las precauciones con lluvia

‖ **Sentencia del Tribunal Superior de Justicia de Valencia**
‖ **n.° 691/2024, de 15 de julio, ECLI:ES:TSJCV:2024:3894**

En el supuesto analizado en esta sentencia, el tribunal se pronuncia sobre la responsabilidad patrimonial del Ayuntamiento de Elda por las lesiones sufridas por un peatón tras resbalar y caer en un vado peatonal. La sentencia inicial reconoció parcialmente la reclamación del demandante, otorgándole una indemnización de 577.314,28 euros más intereses legales, al considerar que el pavimento del vado no cumplía con los coeficientes de resbaladicidad exigidos por la normativa aplicable. Aunque se reconoció que el vado no cumplía con los coeficientes de resbaladicidad, también se consideró que el demandante tenía una responsabilidad parcial en su caída por no haber extremado las precauciones necesarias en un día lluvioso. Por ello, la indemnización fue reducida en un 25 %.

El Ayuntamiento de Elda y Zurich Insurance PLC apelaron la sentencia, argumentando que el vado cumplía con la normativa vigente en el momento de su construcción y que la caída se debió a la falta de precaución del peatón, especialmente considerando que estaba lloviendo y la calle estaba mojada.

La sentencia de apelación destaca la importancia de extremar la precaución cuando llueve, ya que la estabilidad al caminar disminuye en condiciones de humedad:

> «Es el vado un elemento anejo a las aceras de las calles, las cuales obviamente se mojan después de llover incrementando de forma objetiva el riesgo para los viandantes, como ocurrió el día de los hechos. Ante tales eventualidades es exigible que Ayuntamientos eviten materiales deslizantes en la construcción e instalación de aceras y vados que generen un peligro inadecuado e innecesario, como igualmente cabe esperar una mayor atención y un mejor cuidado de los viandantes».

Finalmente, la sentencia de apelación revocó la decisión inicial, desestimando el recurso contencioso-administrativo del perjudicado, al considerar que **el riesgo de resbaladicidad en días de lluvia es un riesgo ordinario de la vida que no puede ser imputado exclusivamente a la Administración.**

5.
PROCEDIMIENTO PARA RECLAMAR LA RESPONSABILIDAD DE LA ADMINISTRACIÓN

En los procedimientos para reclamar la responsabilidad patrimonial de la Administración debemos diferenciar la **vía administrativa** y la **vía judicial**, siendo la primera necesaria para acceder a la segunda. Desde el punto de vista procesal son dos las normas de referencia la Ley 39/2015, de 1 de octubre, del Procedimiento Administrativo Común de las Administraciones Públicas (LPAC) y la Ley 29/1998, de 13 de julio, reguladora de la Jurisdicción Contencioso-administrativa (LJCA).

Vía administrativa

En primer lugar, deberá reclamarse la responsabilidad de la Administración por medio del **procedimiento administrativo** regulado es los arts. 53 y siguientes de la LPAC. Comienza el art. 53 de la LPAC señalando los **derechos del interesado** en el procedimiento administrativo siendo éstos:

- Conocer, en cualquier momento:
  - Estado en la tramitación de los procedimientos en los que tengan la condición de interesados.
  - Sentido del silencio administrativo que corresponda.
  - Órgano competente para su instrucción, en su caso, y resolución.
  - Actos de trámite dictados.
- Acceder y obtener copia de los documentos en el procedimiento.
- Identificar a las autoridades y al personal al servicio de las Administraciones públicas bajo cuya responsabilidad se tramiten los procedimientos.
- A no presentar documentos originales salvo que excepcionalmente la normativa reguladora establezca lo contrario.

> **A TENER EN CUENTA**. En caso de que se deba presentar un documento original el interesado tendrá derecho a obtener una copia autenticada de éste.

- A no presentar datos y documentos no exigidos por las normas del procedimiento que ya se encuentren en poder de las Administraciones públicas o que hayan sido elaborados por éstas.

- Formular alegaciones, utilizar los medios de defensa admitidos por el ordenamiento jurídico, y a aportar documentos en cualquier fase del procedimiento anterior al trámite de audiencia, que deberán ser tenido en cuenta por el órgano competente al redactar la propuesta de resolución.

- Obtener información y orientación acerca de los requisitos jurídicos o técnicos que las disposiciones vigentes impongan a los proyectos, actuaciones o solicitudes que se propongan realizar.

- Actuar asistidos de asesor cuando lo consideren conveniente en defensa de sus intereses.

- Cumplir las obligaciones de pago a través de los medios electrónicos previstos en el art. 98.2 de la LPAC.

El procedimiento administrativo en los casos de responsabilidad patrimonial **se inicia a instancia del interesado** por medio de solicitud ante el órgano competente. La tramitación de este procedimiento ofrece dos posibilidades:

- **Tramitación ordinaria**, en la que se lleva a cabo una fase de instrucción antes de la resolución.

- **Tramitación simplificada**, en la que los procedimientos administrativos deberán ser resueltos en treinta días.

Vía judicial

Es preciso recordar que con anterioridad a la interposición de un recurso contencioso-administrativo es **necesario agotar la vía administrativa** conforme a lo señalado en el art. 25 de la LJCA:

«1. El recurso contencioso-administrativo es admisible en relación con las disposiciones de carácter general y con los actos expresos y presuntos de la Administración pública que pongan fin a la vía administrativa, ya sean definitivos o de trámite, si estos últimos deciden directa o indirectamente el fondo del asunto, determinan la imposibilidad de continuar el procedimiento, producen indefensión o perjuicio irreparable a derechos o intereses legítimos.
2. También es admisible el recurso contra la inactividad de la Administración y contra sus actuaciones materiales que constituyan vía de hecho, en los términos establecidos en esta Ley».

El procedimiento contencioso-administrativo, tal como sucedía en la vía administrativa, existen dos posibles formas de tramitación:

- **Procedimiento en primera o única instancia**.

- **Procedimiento abreviado**, en los casos en los que la cuantía reclamada no supere los 30.000 €.

5.1. Reclamación extrajudicial

Procedimiento administrativo común para la reclamación patrimonial

Para realizar la reclamación patrimonial a la Administración por los daños ocasionados por una caída en la vía pública el procedimiento **se iniciará a solicitud del interesado**. Esta solicitud **deberá contener**, conforme dispone el art. 66 de la LPAC, los siguientes datos:

– Nombre y apellidos del interesado y, en su caso, de la persona que lo represente.

– Identificación del medio electrónico o, en su defecto, lugar físico en que desea que se practique la notificación.

– Hechos, razones y petición en que se concrete, con toda claridad, la solicitud.

– Lugar y fecha.

– Firma del solicitante o acreditación de la autenticidad de su voluntad expresada por cualquier medio.

– Órgano, centro o unidad administrativa a la que se dirige y su correspondiente código de identificación.

Además, en los casos de reclamaciones patrimoniales la solicitud también deberá especificar:

– Lesiones producidas.

– La presunta relación de causalidad entre las lesiones y el funcionamiento del servicio público.

– Evaluación económica de la responsabilidad patrimonial, si fuera posible.

– Momento en que la lesión efectivamente se produjo.

La solicitud deberá ir **acompañada de cuantas alegaciones, documentos e informaciones se estimen oportunos y de la proposición de prueba**, concretando los medios de que pretenda valerse el reclamante.

> **CUESTIÓN**
>
> **¿Qué ocurre si la solicitud no cumple los requisitos?**
>
> En caso de que la solicitud no cumpla los requisitos, se requerirá a los interesados para que, en un plazo de diez días, subsanen la falta o acompañen los documentos preceptivos, con indicación de que, si así no lo hicieran, se les tendrá por desistidos de su petición, tal como señala el art. 68 de la LPAC.

El derecho a reclamar **prescribirá al año** de producido el hecho o acto que motiva la indemnización o se manifieste su efecto lesivo. Con relación al cómputo de este plazo el art. 67 de la LPAC establece que el mismo **comenzará desde la curación o la determinación del alcance de las secuelas**.

En cuanto al cómputo del plazo de prescripción es fundamental fijar el día en el que el perjudicado tiene conocimiento definitivo de los efectos, tal como ha señalado el TSJ de Asturias en la sentencia n.º 698/2024, de 24 de julio, ECLI:ES:TSJAS:2024:1769:

> «Y ello porque como ha señalado esta Sala en sentencia de fecha 23-10-2017 "Debemos recordar que a los efectos de cómputo del plazo de prescripción lo esencial es determinar el momento en el que la parte posee un conocimiento definitivo de los efectos del quebranto derivado de la deficiente asistencia sanitaria, esto es, cuando se objetivan las lesiones con el alcance definitivo de secuelas. De manera que las revisiones, los tratamientos posteriores encaminados a obtener una mejor calidad de vida o a evitar ulteriores complicaciones en la salud del paciente o la progresión de la enfermedad, no enervan la situación objetiva de la lesión, enfermedad o secuela."».

Por lo tanto, según la jurisprudencia, el plazo de un año para presentar la reclamación patrimonial se calculará a partir de la fecha en que se manifiesten los efectos lesivos de manera objetiva, y no a partir de la fecha del accidente o de los tratamientos posteriores necesarios.

‖ Instrucción del procedimiento

Los actos de instrucción se realizarán **de oficio y a través de medios electrónicos** por el órgano que tramite el procedimiento, sin perjuicio del derecho de los interesados para proponer las actuaciones que requieran su intervención o constituyan trámites legal o reglamentariamente establecidos. En los actos de instrucción que requieran la intervención de los interesados habrán de practicarse en la forma que les resulte más conveniente y sea compatible con sus obligaciones laborales o profesionales.

CUESTIÓN

¿En qué momento pueden los interesados aducir alegaciones y aportar documentos?

De acuerdo a los señalado en el art. 76.1 de la LPAC los interesados pueden aducir alegaciones y aportar documentos u otros elementos de juicio, en cualquier momento anterior al trámite de audiencia.

En todo momento **los interesados podrán alegar los defectos de tramitación**, especialmente, los que supongan paralización, infracción de los plazos preceptivamente señalados o la omisión de trámites que pueden ser subsanados antes de la resolución definitiva del asunto. Estas alegaciones **podrán dar lugar a la correspondiente responsabilidad administrativa**.

En esta fase es **esencial la prueba**, por lo que debemos establecer a quién le corresponde la carga de la prueba. En el contexto de una caída en la vía pública, la carga de la prueba recae sobre la parte actora, es decir, la persona que sostiene que el accidente se produjo debido a un defecto en la vía pública. Esta parte debe acreditar que la caída se produjo del modo que relata y que el defecto en la vía era de entidad suficiente para generar responsabilidad municipal. Por otro lado, al Ayuntamiento le corresponde demostrar la existencia de otras circunstancias que puedan romper el nexo causal entre el defecto y la caída.

El art. 77.1 de la LPAC se remite a lo establecido en la Ley de Enjuiciamiento Civil en lo relativo a la valoración de la prueba, y señala a este respecto a los apartados 2 y 3 del art. 217 de la LEC:

> «2. Corresponde al actor y al demandado reconviniente la carga de probar la certeza de los hechos de los que ordinariamente se desprenda, según las normas jurídicas a ellos aplicables, el efecto jurídico correspondiente a las pretensiones de la demanda y de la reconvención.
> 3. Incumbe al demandado y al actor reconvenido la carga de probar los hechos que, conforme a las normas que les sean aplicables, impidan, extingan o enerven la eficacia jurídica de los hechos a que se refiere el apartado anterior».

Por tanto, del principio de la carga de la prueba podemos deducir que a cada parte le corresponde probar los datos que cuyas consecuencias jurídicas invoca a su favor, tal como ha señalado el TSJ de Canarias en la **sentencia n.º 355/2022, de 16 de junio, ECLI:ES:TSJICAN:2022:4491**:

> «En consecuencia, en virtud del principio sobre la carga de la prueba, ha de partirse de la base de que cada parte soporta la de probar los datos que, no siendo notorios ni negativos y teniéndose por controvertidos, constituyen el supuesto de hecho de la norma cuyas consecuencias jurídicas invoca a su favor (Sentencias del Tribunal Supremo de 29 de enero y 19 de febrero de 1990, 13 de enero, 23 de mayo y 19 de septiembre de 1997 y 21 de septiembre de 1998). Ello, sin perjuicio de que la regla pueda intensificarse o alterarse, según los casos, en aplicación del principio de buena fe en su vertiente procesal, mediante el criterio de la facilidad, cuando hay datos de hecho que resultan de clara facilidad probatoria para una de las partes y de difícil acreditación para la otra (Sentencias del Tribunal Supremo de 29 de enero, 5 de febrero y 19 de febrero de 1990 y 2 de noviembre de 1992)».

El interesado, aun cuando la responsabilidad patrimonial de la Administración pública tiene carácter objetivo, **debe acreditar la concurrencia de todos los requisitos** para que nazca dicha responsabilidad, esto es:

– Que un **particular ha sufrido una lesión**, entendiendo por tal un daño antijurídico que sea efectivo, evaluable económicamente e individualizado.

– Que el daño o lesión sea **imputable a la Administración** y consecuencia del funcionamiento de los servicios públicos.

– Existencia de **relación de causalidad** entre la acción u omisión de la Administración y el daño o lesión sufrida.

JURISPRUDENCIA

Asunto: modulación del carácter objetivo de la responsabilidad patrimonial de la Administración pública

Sentencia del Tribunal Supremo n.º 232/2022, de 23 de febrero, ECLI:ES:TS:2022:818

«Pero, no obstante, lo anterior, los citados pronunciamientos constitucionales sobre la responsabilidad patrimonial, requieren y exigen, una serie de matizaciones o modulaciones, en relación con el citado carácter objetivo genérico que de la institución se proclama; sobre todo, cuando de algún tipo concreto de responsabilidad patrimonial se trata, tal y como aquí acontece con la responsabilidad sanitaria. Así lo ha venido poniendo de manifiesto el Tribunal Supremo, con reiteración.

(...) Exponente ---y síntesis--- de esta línea jurisprudencial es la doctrina contenida en la STS 418/2018, de 15 de marzo (ECLI:ES:TS: 2018:1084, RC 1016/2016), en la que, sin abandonar el fundamento de imputación de la responsabilidad, introduce en la misma elementos subjetivos o de culpa, dejando constancia de anteriores y reiterados pronunciamientos de la propia Sala:

"La sentencia del Tribunal Supremo de 17 de abril de 2007 declaraba que "la jurisprudencia viene modulando el carácter objetivo de la responsabilidad patrimonial, rechazando que la mera titularidad del servicio determine la responsabilidad de la Administración respecto de cualquier consecuencia lesiva relacionada con el mismo que se pueda producir, así señala la sentencia de 14 de octubre de 2003 que: "Como tiene declarado esta Sala y Sección, en sentencias de 30 de septiembre del corriente, de 13 de septiembre de 2002 y en los reiterados pronunciamientos de este Tribunal Supremo, que la anterior cita como la Sentencia, de 5 de junio de 1998, la prestación por la Administración de un determinado servicio público y la titularidad por parte de aquella de la infraestructura material para su prestación no implica que el vigente sistema de responsabilidad patrimonial objetiva de las Administraciones Públicas, convierta a éstas en aseguradoras universales de todos los riesgos, con el fin de prevenir cualquier eventualidad desfavorable o dañosa para los administrados que pueda producirse con independencia del actuar administrativo, porque de lo contrario, como pretende el recurrente, se transformaría aquél en un sistema providencialista no contemplado en nuestro Ordenamiento Jurídico". Y, en la sentencia de 13 de noviembre de 1999, también afirmamos que "Aun cuando la responsabilidad de la Administración ha sido calificada por la Jurisprudencia de esta Sala, como un supuesto de responsabilidad objetiva, no lo es menos que ello no convierte a la Administración en un responsable de todos los resultados lesivos que puedan producirse por el simple uso de instalaciones públicas, sino que, como antes señalamos, es necesario que esos daños sean consecuencia directa e inmediata del funcionamiento normal o anormal de aquélla."».

Con relación a la prueba en el procedimiento administrativo el art. 81 de la LPAC recoge unas especialidades acerca de la solicitud de informes y dictámenes en los procedimientos de responsabilidad patrimonial señalando, en primer lugar, que es **preceptivo solicitar informe al servicio cuyo funcionamiento haya ocasionado la presunta lesión indemnizable** no pudiendo exceder de diez días el plazo de su emisión.

En caso de que la cuantía que se reclama sea **igual o superior a 50.000 euros**, o a la que se establezca en la correspondiente legislación autonómica, será **preceptivo solicitar el dictamen del Consejo de Estado o, en su caso, del** órgano **consultivo de la comunidad autónoma**. Este dictamen deberá emitirse en el plazo de 2 meses y se pronunciará sobre la existencia o no de relación de causalidad entre el funcionamiento del servicio público y la lesión producida y, en su caso, sobre la valoración del daño causado y la cuantía y modo de la indemnización de acuerdo con los criterios establecidos.

CUESTIONES

1. ¿Qué proceso debe seguirse para que el Consejo de Estado emita el informe preceptivo?

A los efectos de que el Consejo de Estado emita el informe exigido por el art. 81 de la LPAC, el órgano instructor en el plazo de 10 días a contar desde la finalización del trámite de audiencia remitirá al órgano competente para solicitar el dictamen una propuesta de resolución o, en su caso, la propuesta de acuerdo por el que se podría terminar convencionalmente el procedimiento.

2. ¿Qué órgano es competente para solicitar el dictamen del Consejo de Estado?

El órgano competente para solicitar el informe del Consejo de Estado es el órgano competente para resolver el procedimiento administrativo, por tanto, debe atenderse a los establecido en el art. 92 de la LPAC.

Antes de solicitar los informes a los que hemos hecho referencia deberá realizarse el **trámite de audiencia**, en el que los interesados, en un plazo no inferior a diez días ni superior a quince, podrán alegar y presentar los documentos y justificaciones que estimen pertinentes. En caso de que antes del vencimiento de este plazo los interesados manifiesten su decisión de no realizar ninguna de estas actuaciones, se tendrá por realizado el trámite.

A TENER EN CUENTA. Se podrá prescindir del trámite de audiencia cuando no figuren en el procedimiento ni sean tenidos en cuenta en la resolución otros hechos ni otras alegaciones y pruebas que las aducidas por el interesado.

‖ Finalización del procedimiento

El procedimiento administrativo de responsabilidad patrimonial de la Administración puede finalizar por las siguientes causas:

- Resolución del órgano competente.
- Desistimiento o renuncia.
- Declaración de caducidad.
- Terminación convencional.
- Silencio administrativo.

| Resolución del órgano competente

Una vez recibido el informe preceptivo exigido por el apartado 2 del art. 81 de la LPAC, o en caso de que éste no sea necesario, una vez haya finalizado el trámite de audiencia, el órgano competente resolverá o someterá la propuesta del acuerdo para su formalización por el interesado y por el órgano administrativo competente para suscribirlo.

CUESTIÓN

¿Qué órgano es competente para la resolución de los procedimientos de responsabilidad patrimonial de la Administración por una caída en la vía pública?

En este caso la competencia en el procedimiento de responsabilidad patrimonial viene determinada por la titularidad de la vía en la que se produce la caída, por lo que conforme a lo señalado en el art. 92 de la LPAC la competencia para resolver corresponde:

– Vía de titularidad estatal: se resolverán por el ministro respectivo o por el Consejo de ministros en los casos del art. 32.3 de la LRJSP o cuando una ley así lo disponga.

– Vía de titularidad autonómica: se resolverán por los órganos correspondientes de las comunidades autónomas.

– Vía de titularidad municipal: resolverán las entidades que integran la Administración local.

El órgano competente en la resolución por la que ponga fin al procedimiento deberá **decidir todas las cuestiones planteadas** por los interesados y aquellas otras derivadas del misma. En caso de que surjan **cuestiones conexas** que no hubieran sido planteadas por los interesados, el órgano competente podrá pronunciarse sobre las mismas, antes deberá ponerlo de manifiesto a los interesados por un plazo no superior a quince días, para que formulen las alegaciones que estimen pertinentes y aporten, en su caso, los medios de prueba.

La **resolución ha de ser congruente** con las peticiones formuladas sin que en ningún caso pueda agravar la situación del interesado y sin perjuicio de la potestad de la Administración de incoar de oficio un nuevo procedimiento, en caso de que proceda.

A TENER EN CUENTA. Conforme señala el apartado 5 del art. 88 de la LPAC en ningún caso la Administración podrá abstenerse de resolver so pretexto de silencio, oscuridad o insuficiencia de los preceptos legales aplicables al caso, aunque podrá acordarse la inadmisión de las solicitudes de reconocimiento de derechos no previstos en el ordenamiento jurídico o manifiestamente carentes de fundamento, sin perjuicio del derecho de petición previsto por el art. 29 de la CE.

La **resolución del procedimiento** de responsabilidad patrimonial de la Administración debe tener el siguiente **contenido**:

– **Existencia de la relación de causalidad**: el órgano deberá pronunciarse sobre la existencia o no de la relación de causalidad entre el funcionamiento del servicio público y a lesión producida.

– **Valoración del daño causado**: la resolución debe incluir la valoración del daño causado, especificando la cuantía y el modo de la indemnización de acuerdo con los criterios que el art. 34 de la LRJSP establece para la determinación de la indemnización.

– **Motivación de la resolución**: la resolución debe estar motivada con una sucinta referencia de hechos y fundamentos de derecho conforme a lo señalado en el art. 35.1 de la LPAC.

– **Recursos que contra la misma procedan**, así como el órgano administrativo o judicial ante el que deben presentarse y el plazo para interponerlos, sin perjuicio de que los interesados puedan ejercitar cualquier otro que estimen oportuno.

La resolución del procedimiento se dictará electrónicamente y garantizará la identidad del órgano competente, así como la autenticidad e integridad del documento. Esto se entenderá sin perjuicio sin perjuicio de la forma y lugar señalados por el interesado para la práctica de las notificaciones.

CUESTIÓN

¿Qué medios puede emplear la Administración para la práctica de las notificaciones?

El art. 41 de la LPAC recoge que las notificaciones pueden realizarse por medios electrónicos o en papel, siempre que el interesado no esté obligado al uso de medios electrónicos. En cualquier caso, las Administraciones públicas enviarán un aviso al dispositivo electrónico y/o dirección de correo electrónico del interesado informándoles de la puesta a disposición de una notificación en electrónica.

| Desistimiento y renuncia

El interesado conforme a lo señalado en el art. 94 de la LPAC, apartado 1, podrá **desistir de su solicitud o renunciar a sus derechos**, cuando no esté prohibido por el ordenamiento jurídico.

| Caducidad

En el procedimiento de reclamación patrimonial de la Administración por la caída en vía pública se producirá la **caducidad del procedimiento** cuando éste se paralice por causa del interesado. El plazo para la caducidad es de **3 meses**, de tal forma que consumido este plazo sin que el particular requerido realice las actividades necesarias para reanudar la tramitación.

En este caso la Administración acordará el **archivo de las actuaciones**, notificándoselo al interesado. Contra esta resolución procederán los recursos pertinentes.

La caducidad **no produce por sí sola la prescripción de las acciones** del particular o de la Administración, pero los procedimientos caducos no interrumpirán el plazo de prescripción. En caso de que sea posible iniciar un nuevo procedimiento podrán incorporarse a éste los actos y trámites cuyo contenido se hubiera mantenido igual de no haberse producido la caducidad, debiendo cumplirse, en todo caso, los trámites de alegaciones, proposición de prueba y audiencia del interesado.

A TENER EN CUENTA. El apartado 4 del art. 95 de la LPAC señala que podrá no ser aplicable la caducidad en el supuesto de que la cuestión suscitada afecte al interés general, o fuera conveniente sustanciarla para su definición y esclarecimiento.

| Silencio administrativo

La Administración tiene un **plazo de seis meses** para resolver la reclamación de responsabilidad patrimonial. Si transcurrido este plazo no se ha dictado resolución expresa, **se entiende desestimada por silencio administrativo,** lo que permite al reclamante interponer un recurso contencioso-administrativo ante los tribunales. Así se establece en el art. 91.3 de la LPAC que recoge:

> «Transcurridos seis meses desde que se inició el procedimiento sin que haya recaído y se notifique resolución expresa o, en su caso, se haya formalizado el acuerdo, podrá entenderse que la resolución es contraria a la indemnización del particular».

Tramitación simplificada del procedimiento administrativo común

La **tramitación simplificada del procedimiento de responsabilidad patrimonial de la Administración** por una caída en la vía pública permite resolver de manera más ágil y eficiente las reclamaciones de indemnización por daños sufridos debido al mal estado de las infraestructuras públicas.

El apartado 4 del art. 96 de la LPAC prevé la posibilidad de tramitar el procedimiento administrativo para el caso de que una vez iniciado el procedimiento el órgano competente para su tramitación considere **inequívoca la relación de causalidad entre el funcionamiento del servicio público y la lesión, así como la valoración del daño y el cálculo de la cuantía de la indemnización.**

Cuando concurra la circunstancia señalada el órgano competente podrá acordar de oficio la suspensión del procedimiento general y la iniciación de un procedimiento simplificado.

Los procedimientos que se tramiten de forma simplificada deben ser **resueltos en treinta días** a contar desde el siguiente al que se notifique al interesado el acuerdo de tramitación simplificada del procedimiento. La tramitación simplificada supone que el procedimiento solo constará de los siguientes trámites:

– Inicio del procedimiento.

– Alegaciones formuladas al inicio del procedimiento durante el plazo de cinco.

– Trámite de audiencia, únicamente cuando la resolución vaya a ser desfavorable para el interesado.

– Informe del servicio jurídico, cuando sea preceptivo.

– Informe del CGPJ, cuándo sea preceptivo.

– Dictamen del Consejo de Estado u órgano consultivo equivalente de la comunidad autónoma en los casos en que sea preceptivo.

– Resolución.

A TENER EN CUENTA. Desde la solicitud del dictamen al Consejo de Estado, u órgano equivalente, hasta que sea emitido, se producirá la suspensión automática del plazo para resolver.

CUESTIÓN

¿Qué sucede si el dictamen del Consejo de Estado o del órgano equivalente es contrario al fondo de la propuesta de resolución?

En caso de que el dictamen preceptivo sea contario a la propuesta de resolución, según señala el art. 96.6.g) de la LPAC, el órgano competente para resolver acordará continuar el procedimiento con arreglo a la tramitación ordinaria, lo que se notificará a los interesados. En este caso se entenderán convalidadas todas as actuaciones que se hubieran realizado durante la tramitación simplificada, a excepción del propio dictamen del Consejo de Estado u órgano equivalente.

¿Qué recurso cabe contra la resolución del órgano competente?

Para determinar el recurso que cabe frente a la resolución del procedimiento de responsabilidad patrimonial, en primer lugar, debemos establecer que la misma pone fin a la vía administrativa cualquiera que fuese el tipo de relación, pública o privada, de que derive, tal como señala el art. 114.1.e) de la LPAC.

Una vez señalado que la resolución pone fin a la vía administrativa se concluye que frente a la misma cabe interponer el recurso potestativo de reposición. Tal como señala el art. 123 de la LPAC, en los actos administrativos que ponen fin a la vía administrativa son posible dos vías:

– Recurrir potestativamente en reposición.

– Impugnarlos directamente ante el órgano jurisdiccional.

Es importante señalar que el recurso potestativo de reposición debe presentarse y es resuelto por el mismo órgano que ha dictado la resolución.

En caso de que se haya presentado el recurso potestativo de reposición, no podrá interponerse recurso contencioso-administrativo hasta que sea resuelto expresamente o se haya producido la desestimación presunta.

En cuanto a los plazos de este recurso debemos atender a lo señalado en el art. 124 de la LPAC que señala:

«1. El plazo para la interposición del recurso de reposición será de un mes, si el acto fuera expreso. Transcurrido dicho plazo, únicamente podrá interponerse recurso contencioso-administrativo, sin perjuicio, en su caso, de la procedencia del recurso extraordinario de revisión.

Si el acto no fuera expreso, el solicitante y otros posibles interesados podrán interponer recurso de reposición en cualquier momento a partir del día siguiente a aquel en que, de acuerdo con su normativa específica, se produzca el acto presunto.

2. El plazo máximo para dictar y notificar la resolución del recurso será de un mes.

3. Contra la resolución de un recurso de reposición no podrá interponerse de nuevo dicho recurso».

5.2. Procedimiento judicial

Recurso contencioso-administrativo por responsabilidad patrimonial con origen en una caída en vía pública

Para poder acudir al recurso contencioso-administrativo es necesario que **previamente se haya agotado la vía administrativa** tal como señala el apartado 1 del art. 25 de la LJCA «El recurso contencioso-administrativo es admisible en relación con las disposiciones de carácter general y con los actos expresos y presuntos de la Administración pública que pongan fin a la vía administrativa, ya sean definitivos o de trámite, si estos últimos deciden directa o indirectamente el fondo del asunto, determinan la imposibilidad de continuar el procedimiento, producen indefensión o perjuicio irreparable a derechos o intereses legítimos».

La necesidad de agotar la vía administrativa con carácter previo a la interposición del recurso contencioso-administrativo ha sido reiterada por los tribunales, siendo una muestra de ello lo señalado por el **TSJ de Galicia en la sentencia n.º 252/2023, de 1 de junio, ECLI:ES:TSJGAL:2023:4154**:

> «"La exigencia de responsabilidad patrimonial de la Administración, ya sea en vías de derecho público o privado, se encuentra sometida al cumplimiento de los trámites especificados en una vía administrativa previa, que no es posible obviar, y contra cuya decisión final - sea expresa o tácita- es cuando procederá el recurso judicial, a excepción naturalmente deque lo que se pretenda en la demanda contenciosa correspondiente sea únicamente la anulación del acto no conforme a Derecho de la Administración -o el reconocimiento de una situación jurídica individualizada- cuya efectivización pueda requerir la correspondiente indemnización de daños y perjuicios, siempre complementaria y derivada de la estimación de la demanda.
>
> De modo reiterado y unánime la jurisprudencia de dicha Sala (Sentencias de 25 de noviembre de 2.000 y 25 de marzo de 2.003, entre muchas otras) indica que no cabe acudir al recurso contencioso directo para reclamar la responsabilidad patrimonial de la Administración por funcionamiento normal o anormal de los servicios públicos sin acudir a la vía administrativa previa regulada en el RD 429/93. Finalmente, nuestro Alto Tribunal, en la misma línea de razonamiento, señala en su Sentencia de 17 de octubre de 2.000, que "la exigencia de una reclamación previa ante la Administración para el ejercicio de una acción de responsabilidad patrimonial tiene el sentido de permitir a aquélla que examine la solicitud y se pronuncie sobre ella, contribuyendo con la sustanciación del procedimiento administrativa a depurar el supuesto de hecho y la procedencia de la indemnización solicitada, a formar la voluntad administrativa para la decisión que le compete en virtud del principio de autotutela decisoria y a preparar, si ha lugar, los mecanismos burocráticos y financieros necesarios para hacer frente a la obligación de indemnizar"».

El **plazo del que dispone el interesado para la interposición del recurso contencioso-administrativo** viene establecido en el apartado 1 del art. 46 de la LJCA en el que se determina que los plazos de interposición son:

- Si el órgano ha dictado una **resolución expresa** el interesado dispondrá de un plazo de **dos meses** para la interposición del recurso contencioso-administrativo que deberán contarse desde el día siguiente al de la notificación de la resolución del procedimiento administrativo de responsabilidad patrimonial.

- Para el caso de que **la resolución no fuera expresa** el plazo será de **seis meses** y se contará a partir del día siguiente a aquel en que se produzca el acto presunto, en el caso de la responsabilidad patrimonial se presume la desestimación una vez transcurran seis meses de la solicitud sin que se haya dictado la resolución.

Para el caso de que en el procedimiento administrativo se produzca la **desestimación por silencio administrativo** debemos señalar que el Tribunal Constitucional ha señalado que el único efecto que puede atribuirse a la desestimación por silencio administrativo es el de **permitir la interposición del recurso contencioso-administrativo, debiendo eliminar la idea de que el silencio pueda tener la consideración de acto presunto** a los efectos del plazo para su interposición. En este punto la **STC n.º 52/2014, de 10 de abril, ECLI:ES:TC:2014:52,** señala lo siguiente:

> «(...) La Ley precisa ahora que la estimación por silencio administrativo tiene a todos los efectos la consideración de acto administrativo finalizador del procedimiento, y que en cambio la desestimación por silencio administrativo tiene los solos efectos de permitir a los interesados la interposición del recurso administrativo o contencioso-administrativo que resulte procedente (art. 42.2 LPC). Con ello se desechó la construcción del "acto presunto de carácter desestimatorio" entendido hasta entonces por el legislador como un acto administrativo dotado de un contenido determinado (denegatorio), y se volvió a la configuración tradicional de los efectos del silencio negativo, como mera ficción procesal habilitada por el legislador para dejar expedita la vía impugnatoria procedente (...).
>
> (...)
>
> (...) Por tanto, habida cuenta de que, primero, el inciso segundo del art. 46.1 LJCA que regula el plazo de impugnación del "acto presunto" subsiste inalterado; segundo, que tras la reforma de 1999 de la Ley 30/1992 en los supuestos de silencio negativo ya no existe acto administrativo alguno finalizador del procedimiento (art. 43.2 LPC), ni un acto administrativo denominado "presunto" basado en una ficción legal como se desprendía de la redacción originaria de la Ley 30/1992, y tercero, que la Administración sigue estando obligada a resolver expresamente, sin vinculación al sentido negativo del silencio [arts. 42.1 y 43.3 b) LPC], el inciso segundo del art. 46.1 LJCA ha dejado de ser aplicable a dicho supuesto. En otras palabras, se puede entender que, a la luz de la reforma de 1999 de la Ley 30/1992, la impugnación jurisdiccional de las desestimaciones por silencio no está sujeta al plazo de caducidad previsto en el art. 46.1 LJCA».

> **A TENER EN CUENTA**. Aun cuando la sentencia extractada se refiere a la Ley 30/1992, de 26 de noviembre (LPC) lo establecido en la misma resulta plenamente aplicable a la regulación vigente.

JURISPRUDENCIA

Asunto: la impugnación jurisdiccional de las desestimaciones por silencio no está sujeta al plazo de caducidad

Sentencia del Tribunal Supremo n.º 419/2024, de 8 de marzo, ECLI:ES:TS:2024:1428

«Ha de tenerse en cuenta que el silencio negativo es una mera ficción legal que abre la posibilidad de impugnación, pero que deja subsistente la obligación de la Administración de resolver expresamente (arts. 21 a 25 de la Ley 39/2015, de 1 de octubre, del Procedimiento Administrativo Común de las Administraciones Públicas, "BOE" núm. 236, de 2 de octubre) -lo que, según el Ayuntamiento de Santander, se produjo por resolución de 2 de noviembre de 2020, posterior a la interposición del recurso jurisdiccional-; y, por otra parte, como se infiere de la doctrina del Tribunal Constitucional (sentencia 52/2014, de 10 de abril de 2014, ECLI:ES:TC:2014:52), la impugnación jurisdiccional de las desestimaciones por silencio no está sujeta al plazo de caducidad previsto en el art. 46.1 LJCA».

|| Competencia

Para la interposición del recurso contencioso-administrativo es necesario delimitar la competencia, objetiva y territorial.

La determinación de la **competencia objetiva** vendrá determinada por el órgano que haya conocido del procedimiento administrativo que va a ser objeto de recurso. Para esta labor debemos acudir a lo establecido en los arts. 8 a 13 de la LJCA.

- **Juzgado de lo contencioso-administrativo**: conocerá en única o primera instancia cuando el órgano competente para la resolución del procedimiento administrativo haya sido una entidad local. Asimismo, conocerá en los recursos en los cuales la competencia en la vía administrativa les correspondiera a las comunidades autónomas, siempre que la cuantía del procedimiento no exceda de 30.050 euros.

- **Sala contencioso-administrativo del TSJ**: conocerá en única instancia de los recursos por responsabilidad patrimonial en los que la comunidad autónoma haya conocido del procedimiento administrativo y la cuantía exceda de 30.050 euros.

- **Sala de lo contencioso-administrativo de la Audiencia Nacional**: conocerá en única instancia de la responsabilidad patrimonial cuando la resolución o el silencio provenga del ministro respectivo o por el Consejo de ministros.

A continuación, debe determinarse el órgano **competente territorialmente**, para lo cual debemos estar a lo dispuesto en el art. 14 de la LJCA. La regla segunda del apartado primero del mentado artículo señala que en los casos de responsabilidad patrimonial el demandante podrá elegir entre el juzgado o tribunal en cuya circunscripción tenga su domicilio o donde se halle la sede del órgano que haya conocido del procedimiento administrativo.

> **A TENER EN CUENTA**. Cuando el recurso tenga por objeto actos de las Administraciones de las comunidades autónomas o de las entidades de la Administración local, la elección se entenderá limitada a la circunscripción del TSJ en que tenga su sede el órgano cuya actuación se impugne.

|| Procedimiento en primera o única instancia

| Escrito de inicio

El recurso contencioso administrativo se **iniciará por un escrito** en que debe citarse el acto que se impugne —resolución del procedimiento administrativo o en su caso desestimación por silencio administración— y a solicitar que se tenga por interpuesto el recurso. Este documento deberá ir acompañado:

- Documento que acredite la representación.

- Documento o documentos que acrediten la legitimación del actor cuando la ostente por habérsela transmitido otro por herencia o por cualquier otro título.

- Copia o traslado de la resolución del procedimiento administrativo, en caso de que éste hubiese finalizado por silencio administrativo deberá mencionarse el órgano que hubiera conocido de la reclamación, el expediente o cualesquiera otros datos que sirvan para identificar suficientemente el objeto del recurso.

> **CUESTIÓN**
>
> **¿En el procedimiento contencioso-administrativo en necesaria la representación y defensa por procurador y abogado?**
>
> Con relación a la postulación necesaria el art. 23 de la LJCA señala:
>
> - Ante un órgano unipersonal las partes podrán conferir su representación a un procurador, y serán asistidas, en todo caso por abogado. Cuando la representación se le confiera al abogado, será a ésta a quien se le notifiquen las actuaciones.
>
> - En actuaciones ante órganos colegiados las partes deberán conferir su representación a un procurador y ser asistidas por abogado.

Tan pronto se haya presentado el escrito de interposición el letrado de la Administración de Justicia examinará de oficio la validez de la comparecencia. Si estima que es válida, admitirá a trámite el recurso. En caso de que no se hayan acompañado los documentos que deben adjuntarse al escrito el LAJ requerirá inmediatamente la **subsanación** de los mismos, señalando un **plazo de diez días** para que el recurrente pueda llevarla a efecto. Si el interesado no subsanare los defectos el juez o tribunal se pronunciará sobre el archivo de las actuaciones.

Cuando **no existan terceros interesados podrá iniciarse también mediante demanda** en que se concretará el acto o inactividad impugnada y se razonará su disconformidad a derecho. Con la demanda se acompañarán los documentos que hemos señalado al inicio.

| Remisión del expediente administrativo

Una vez admitido el recurso el LAJ requerirá al órgano **que haya conocido del procedimiento administrativo que le remita el expediente**. El expediente deberá ser remitido en el plazo improrrogable de 20 días, a contar desde que la comunicación judicial tenga entrada en el registro general del órgano requerido.

CUESTIONES

1. ¿Cómo debe remitir el órgano administrativo remitir el expediente al órgano judicial?

Conforme señala el art. 48.4 de la LJCA el expediente se enviará completo, en soporte electrónico, foliado, autentificado y acompañado de un índice, asimismo autentificado, de los documentos que contenga. Al remitir el expediente, la Administración deberá identificar al órgano responsable del cumplimiento de la resolución judicial.

La remisión se hará electrónicamente, utilizando, a tal efecto, los sistemas de interoperabilidad que resulten aplicables, al objeto de que el expediente administrativo en soporte electrónico así remitido quede automáticamente integrado en los sistemas de gestión procesal correspondientes (art. 48.11 de la LJCA).

2. ¿Qué sucede si la Administración lo remite el expediente en el plazo de 20 días fijado legalmente?

Una vez haya transcurrido el plazo de remisión sin haberse recibido completo el expediente, se reiterará la reclamación, se aplicará los dispuesto en el art. 48.7 de la LJCA que establece:

«Transcurrido el plazo de remisión del expediente sin haberse recibido completo, se reiterará la reclamación y, si no se enviara en el término de diez días contados como dispone el apartado 3, tras constatarse su responsabilidad, previo apercibimiento del letrado o letrada de la Administración de Justicia notificado personalmente para formulación de alegaciones, el juez, la jueza o el tribunal impondrán una multa coercitiva de trescientos a mil doscientos euros a la autoridad o empleado responsable. La multa será reiterada cada veinte días, hasta el cumplimiento de lo requerido.

De darse la causa de imposibilidad de determinación individualizada de la autoridad o empleado responsable, la Administración será la responsable del pago de la multa sin perjuicio de que se repercuta contra el responsable».

En los casos en los que el **procedimiento se haya iniciado mediante demanda** el art. 48.5 de la LJCA señala «Cuando el recurso contra la disposición se hubiere iniciado por demanda, el tribunal podrá recabar de oficio o a petición del actor el expediente de elaboración, que se remitirá en soporte electrónico. Recibido el expediente, el letrado o letrada de la Administración de Justicia lo entregará a las partes por cinco días para que formulen alegaciones».

A TENER EN CUENTA. El emplazamiento de la Administración se entenderá efectuado por la reclamación del expediente.

Para el caso de que las partes estimen que **el expediente no está completo** el art. 55 de la LJCA recoge la siguiente previsión:

«1. Si las partes estimasen que el expediente administrativo no está completo, podrán solicitar, dentro del plazo para formular la demanda o la contestación, que se reclamen los antecedentes para completarlo. A estos efectos se entenderá que el expediente administrativo está integrado por los documentos y demás actuaciones que lo conforman según lo dispuesto en el artículo 70 de la Ley 39/2015, de 1 de octubre. Los documentos o elementos de prueba que formen parte de un expediente administrativo distinto no podrán solicitarse a través del trámite previsto en el presente artículo.'

2. La solicitud a que se refiere el apartado anterior suspenderá el curso del plazo correspondiente.

3. El letrado o letrada de la Administración de Justicia resolverá lo pertinente en el plazo de tres días.

Si acepta la solicitud y esta se hubiera formulado dentro de los diez primeros días del plazo para formular la demanda o la contestación, el plazo se reiniciará una vez el expediente completo remitido por la Administración se haya puesto a disposición de la parte solicitante. Si rechazara la solicitud o si, aun aceptándola, esta se hubiera presentado una vez transcurridos los diez primeros días antes referidos, el cómputo del plazo simplemente se reanudará, salvo que, en este último caso, el letrado o letrada de la Administración de Justicia considere oportuno que el plazo se reinicie atendido el volumen o la importancia para la causa de los documentos añadidos.

En ningún caso el plazo se reiniciará cuando la solicitud de complemento la hubiera formulado la Administración demandada.

La Administración, al remitir de nuevo el expediente, deberá indicar en el índice a que se refiere el artículo 48.4 los documentos que se han adicionado».

| Presentación de la demanda

Recibido el expediente administrativo por el LAJ se acordará su **incorporación a los autos en soporte electrónico y su entrega al recurrente para que se deduzca la demanda en el plazo de 20 días,** salvo que concurra alguno de los supuestos del art. 51 de la LJCA, en cuyo caso dará cuenta al tribunal para que resuelva lo que proceda.

El art. 51 de LJCA dispone que el juzgado o sala, tras el examen del expediente administrativo **declarará no haber lugar a la admisión del recurso** cuando constatare de modo inequívoco y manifiesto:

- La falta de jurisdicción o la incompetencia del juzgado o tribunal.

- La falta de legitimación del recurrente.

- Haberse interpuesto el recuro contra actividad no susceptible de impugnación.

- Haber caducado el plazo de interposición del recurso.

Antes de pronunciarse sobre la inadmisión hará saber a las partes el motivo en el que pudiera fundarse para que, en el plazo común de diez días, aleguen lo que estimen procedente y acompañen los documentos a que hubiera lugar.

> **A TENER EN CUENTA.** El juzgado o sala podrá inadmitir el recurso cuando se hubieran desestimado en el fondo otros recursos sustancialmente iguales por sentencia firme, mencionando, en este último caso, la resolución o resoluciones desestimatorias (art. 51.2 de la LJCA).

En caso de que la **demanda no se presente dentro del plazo** el juzgado o sala, de oficio, declarará por auto la **caducidad del recurso**. No obstante, se admitirá el escrito de demanda, y producirá sus efectos legales si se presentare dentro del día en que se notifique la demanda.

En el caso de que **no se hubiera remitido el expediente administrativo**, la parte recurrente podrá pedir, por sí o a iniciativa del LAJ, que se le conceda plazo para formalizar la demanda. Si después de que la parte haya usado este derecho se recibiera el expediente, el LAJ pondrá éste de manifiesto a las partes demandantes y, en su caso, demandadas por plazo común de diez días para que puedan efectuar las alegaciones complementarias que estimen oportunas.

El LAJ examinará de oficio la demanda y requerirá que se subsanen las faltas de que adolezca en plazo no superior a 10 días. Realizada la subsanación, admitirá la demanda. En otro caso, dará cuenta al juez para que resuelva lo que proceda sobre su admisión.

| Contestación a la demanda

Una vez se haya presentado la demanda el LAJ dará traslado de la misma, con entrega del expediente administrativo, a las partes demandadas que hubieran comparecido, para que la **contesten en el plazo de 20 días**. Si la demanda se hubiere formalizado sin haberse recibido el expediente administrativo, emplazará a la Administración demandada para contestar, apercibiéndola de que no se admitirá la contestación si no va acompañada de dicho expediente.

La contestación **se formulará primero por la Administración demandada**. En caso de que hubiere de hacerlo además de la Administración, otros demandados, y aunque no actuaren bajo una misma dirección, la contestación de formulará simultáneamente por todos ellos.

> **CUESTIÓN**
>
> **¿Qué sucede si la Administración demandada es una entidad local que no se ha personado en el proceso?**
>
> En caso de que la entidad local demandada no se haya personado en el proceso pese a haber sido emplazada, se le dará no obstante traslado de la demanda para que, en el plazo de 20 días, pueda designar representante en juicio o comunicar al órgano judicial, por escrito, los fundamentos por los que estimare improcedente la pretensión del actor.

| Declaración del pleito concluso

El art. 57 de la LJCA recoge la posibilidad de que el LAJ declara concluso el pleito, sin más trámite para sentencia una vez contestada la demanda, salvo que el juez haga uso de la facultad que le atribuye el art. 61 de la LJCA, en los siguientes supuestos:

– Si el actor pide por otrosí en su demanda que el recurso se falle sin necesidad de recibimiento a prueba ni tampoco de vista o conclusiones y la parte demandada no se opone.

– Si en los escritos de demanda y contestación no se solicita el recibimiento a prueba ni los trámites de vista o conclusiones, salvo que el juez o tribunal, excepcionalmente, atendida la índole del asunto, acuerde la celebración de vista o la formulación de conclusiones escritas.

En estos dos supuestos, si el demandado solicita la inadmisión del recurso, se dará traslado al demandante para que en el plazo de cinco días formule las alegaciones que estime procedentes sobre la posible causa de inadmisión, y seguidamente se declarará concluso el pleito.

CUESTIÓN

¿Qué facultad reconoce el art. 61 de la LJCA al juez?

El art. 61 de la LJCA reconoce al juez la facultad de acordar de oficio la práctica de prueba, disponiendo a tal efecto:

«1. El Juez o Tribunal podrá acordar de oficio el recibimiento a prueba y disponer la práctica de cuantas estime pertinentes para la más acertada decisión del asunto.

2. Finalizado el período de prueba, y hasta que el pleito sea declarado concluso para sentencia, el órgano jurisdiccional podrá también acordar la práctica de cualquier diligencia de prueba que estimare necesaria.

3. Las partes tendrán intervención en las pruebas que se practiquen al amparo de lo previsto en los dos apartados anteriores.

4. Si el Juez o Tribunal hiciere uso de su facultad de acordar de oficio la práctica de una prueba, y las partes carecieran de oportunidad para alegar sobre ello en la vista o en el escrito de conclusiones, el letrado de la Administración de Justicia pondrá de manifiesto el resultado de la prueba a las partes, las cuales podrán, en el plazo de cinco días, alegar cuanto estimen conveniente acerca de su alcance e importancia.

5. El Juez podrá acordar de oficio, previa audiencia a las partes, o bien a instancia de las mismas la extensión de los efectos de las pruebas periciales a los procedimientos conexos. A los efectos de la aplicación de las normas sobre costas procesales en relación al coste de estas pruebas se entenderá que son partes todos los intervinientes en los procesos sobre los cuales se haya acordado la extensión de sus efectos, prorrateándose su coste entre los obligados en dichos procesos al pago de las costas».

| Alegaciones previas

Dentro de los primeros cinco días para la contestación a la demanda, las partes demandadas podrán alegar los motivos que pudieran determinar la **incompetencia del** órgano **jurisdiccional o la inadmisibilidad del recurso** con arreglo al art. 69 de la LJCA. Estas causas de inadmisibilidad, excepto la incompetencia, puede ser alegados en la contestación, incluso si hubiesen sido desestimados como alegación previa.

> **CUESTIÓN**
>
> **¿Qué causas de inadmisibilidad recoge el art. 69 de la LJCA?**
>
> Las causas de inadmisibilidad del art. 69 de la LJCA son las siguientes:
>
> «a) Que el Juzgado o Tribunal Contencioso-administrativo carezca de jurisdicción.
>
> b) Que se hubiera interpuesto por persona incapaz, no debidamente representada o no legitimada.
>
> c) Que tuviera por objeto disposiciones, actos o actuaciones no susceptibles de impugnación.
>
> d) Que recayera sobre cosa juzgada o existiera litispendencia.
>
> e) Que se hubiera presentado el escrito inicial del recurso fuera del plazo establecido».

De este escrito el LAJ dará traslado por cinco días al actor, el cual podrá subsanar el defecto, si procediera en 10 días. Las alegaciones **se resolverán mediante auto** que siendo desestimatorio de recurso y dispondrá que se conteste la demanda en el plazo que reste.

| Solicitud de prueba

De acuerdo al art. 60 de la LJCA solamente se podrá pedir el recibimiento a prueba **por medio de otrosí**, en los escritos de demanda y contestación y en los de alegaciones complementarias. En estos escritos deberán expresarse en forma ordenada los puntos de hecho sobre los que haya de verse la prueba y los medios de prueba que se propongan.

Si en la contestación a la demanda resultaran nuevos hechos de transcendencia para la resolución del pleito, el recurrente podrá pedir el recibimiento a prueba y expresar los medios de prueba que se propongan dentro de los cinco días siguientes a aquel en que se haya dado traslado de la misma.

> **A TENER EN CUENTA**. La prueba se desarrollará con arreglo a las normas generales del proceso civil, siendo el plazo para practicarla de treinta días.

| Celebración de vista

Las partes **podrán solicitar que se celebre la vista, que se presenten conclusiones o que el pleito sea declarado concluso**, sin más trámites, para sentencia. Esta solicitud se realizará **por medio de otrosí** en los escritos de demanda o contestación o por escrito presentado en el plazo de cinco días contados desde que se notifique la diligencia de ordenación declarando concluso el período de prueba.

El art. 65 de la LJCA establece que en el acto de la vista o en el escrito de conclusiones **no podrán plantearse cuestiones que no hayan sido suscitadas en los escritos de demanda y contestación**. En caso de que el juez o tribunal juzgue oportuno que en el acto de la vista o en las conclusiones se traten motivos relevantes para el fallo y distintos de los alegados, lo pondrá en conocimiento de las partes mediante providencia, dándoles plazo de diez días para ser oídas sobre ello.

| Sentencia

De acuerdo con el artículo 67 de la LJCA la sentencia se dictará en el **plazo de 10 días** desde que el pleito haya sido declarado concluso y decidirá todas las cuestiones controvertidas en el proceso. La sentencia deberá pronunciar alguno de los siguientes fallos:

- Inadmisibilidad del recurso contencioso-administrativo.
- Estimación o desestimación del recurso contencioso-administrativo.

Además, deberá pronunciarse respecto a la condena en costas.

|| Procedimiento abreviado

> **A TENER EN CUENTA.** El art. 78 de la LJCA se ha visto modificado por la LO 1/2025, de 2 de enero, con entrada en vigor el 03/04/2025. Este apartado se encuentra actualizado a tal reforma.

Los procedimientos sobre responsabilidad patrimonial se conocerán por el procedimiento abreviado cuando **la cuantía no supere los 30.000 euros**. Este procedimiento se podrá seguir en el ámbito de los juzgados de lo contencioso-administrativo y de los juzgados centrales de lo contencioso-administrativo.

El procedimiento abreviado se **iniciará por demanda**, a la que se acompañará el documento o documentos en que el actor funde su derecho y los previstos en el art. 45.2 de la LJCA.

> **CUESTIÓN**
>
> **¿Qué documentos deben acompañar a la demanda conforme al apartado 2 del art. 45 de la LJCA?**
>
> Dicho apartado [modificado por la LO 1/2025, de 2 de enero, añadiendo un nueva letra e), al art. 45.2, con entrada en vigor el 03/04/2025] establece que a la demanda se acompañará:
>
> *«a) El documento que acredite la representación del compareciente, salvo si figurase unido a las actuaciones de otro recurso pendiente ante el mismo Juzgado o Tribunal, en cuyo caso podrá solicitarse que se expida certificación para su unión a los autos.*
>
> *b) El documento o documentos que acrediten la legitimación del actor cuando la ostente por habérsela transmitido otro por herencia o por cualquier otro título.*
>
> *c) La copia o traslado de la disposición o del acto expreso que se recurran, o indicación del expediente en que haya recaído el acto o el periódico oficial en que la disposición se haya publicado. Si el objeto del recurso fuera la inactividad de la Administración o una vía de hecho, se mencionará el órgano o dependencia al que se atribuya una u otra, en su caso, el expediente en que tuvieran origen, o cualesquiera otros datos que sirvan para identificar suficientemente el objeto del recurso.*
>
> *d) El documento o documentos que acrediten el cumplimiento de los requisitos exigidos para entablar acciones las personas jurídicas con arreglo a las normas o estatutos que les sean de aplicación, salvo que se hubieran incorporado o insertado en lo pertinente dentro del cuerpo del documento mencionado en la letra a) de este mismo apartado.*

> *e) En los casos en que el recurso se haya interpuesto por un sindicato que actúe en nombre e interés del personal funcionario y estatutario conforme dispone la letra k) del artículo 19.1, el documento o documentos que acrediten la afiliación de dicho personal y la existencia de comunicación por el sindicato al afiliado de la voluntad de iniciar el proceso, así como la autorización expresa del afiliado al sindicato para dicha iniciación».*

Una vez se haya admitido la demanda por el LAJ, éste acordará su traslado a las partes para la celebración de la vista y **requerirá a la Administración para que remita el expediente administrativo** en soporte electrónico, con al menos quince días de antelación del término señalado para la vista. Si en la demanda se solicitasen diligencias de preparación de la prueba a practicar en juicio, el letrado o la letrada de la Administración de Justicia acordará lo que corresponda para posibilitar su práctica, sin perjuicio de lo que el juez o tribunal decida sobre su admisión o inadmisión en el acto del juicio.

En caso de que el actor pida por medio de otrosí que el recurso de falle sin necesidad de recibimiento a prueba ni celebración de vista, el LAJ dará traslado a las partes demandadas para que contesten en un plazo de veinte días, con el apercibimiento a que se refiere el apartado 1 del artículo 54. Una vez contestada la demanda, el letrado o la letrada de la Administración de Justicia procederán de acuerdo con lo dispuesto en el artículo 57, declarando concluso el pleito, salvo que el juez o la jueza hagan uso de la facultad que le atribuye el artículo 61.

Dentro de los diez primeros días del plazo para contestar la demanda, las partes demandadas podrán solicitar que se celebre la vista, argumentando a tal fin en qué hechos existe disconformidad y qué medios de prueba, distintos de los ya obrantes en actuaciones, habrían de ser practicados para despejar esa disconformidad. El juez o la jueza decidirá sobre dicha solicitud mediante auto.

Para el caso de que se vaya a celebrar la vista, una vez se haya recibido el expediente administrativo el LAJ lo remitirá al actor y a los interesados personados para que puedan hacer alegaciones en el acto de la vista.

CUESTIÓN

Si las partes han solicitado la celebración de la vista, ¿puede el juez dictar sentencia antes del trámite de práctica de la prueba?

Sí, ya que el art. 78.11 de la LJCA señala:

«Cuando de las alegaciones de las partes se desprenda la conformidad de todos los demandados con las pretensiones del actor, el carácter meramente jurídico de la controversia, la ausencia de proposición de la prueba o la inadmisibilidad de toda la prueba propuesta, y las partes no deseasen formular conclusiones, el Juez apreciará tal circunstancia en el acto y, si ninguna parte se opusiere, dictará sentencia sin más dilación.

Formulada oposición, el Juez resolverá estimándola, en cuyo caso proseguirá la vista conforme a lo reglado en los apartados siguientes, o desestimándola en la misma sentencia que dicte conforme a lo previsto en el párrafo anterior, antes de resolver sobre el fondo, como especial pronunciamiento».

Tras la práctica de la prueba, si la hubiere, y, en su caso, de las conclusiones, oídos los letrados, las personas que sean parte en los asuntos podrán, con la venia del juez, exponer de palabra lo que crean oportuno para su defensa a la conclusión de la vista, antes de darla por terminada. El juez dictará la **sentencia en el plazo de diez días** desde la celebración de la vista. No obstante, la sentencia se podrá dictar oralmente al concluir dicho acto con los requisitos de forma y consecuencias previstas en los apartados 3 y 4 del artículo 210 de la Ley 1/2000, de 7 de enero, de Enjuiciamiento Civil, y pronunciando su fallo de acuerdo con lo dispuesto en los artículos 68 a 71 de la presente ley.

A TENER EN CUENTA. El procedimiento abreviado, en lo no dispuesto específicamente, se regirá por las normas generales de la LJCA.

CUESTIÓN

La sala de lo contencioso-administrativo de un TSJ ha dictado sentencia por la que desestima la demanda por la que se reclama la responsabilidad patrimonial de la Administración por una caída en la vía pública, ¿qué recurso puede interponer el interesado frente a la resolución del TSJ?

En este caso el interesado, conforme al art. 86 de la LJCA, podrá interponer recurso de casación ante el Tribunal Supremo si el recurso pretende fundarse en infracción de normas de derecho estatal o de la Unión Europea que sea relevante y determinante del fallo impugnado, siempre que hubieran sido invocadas oportunamente en el proceso o consideradas por la sala sentenciadora.

5.3. Especialidades procesales en la responsabilidad patrimonial de la Administración

La reclamación a la Administración de la responsabilidad patrimonial por las lesiones causadas por una caída en la vía pública tiene una serie de especialidades procesales a las que debemos referirnos.

5.3.1. La prescripción

El art. 67 de la LPAC establece que la acción prescribirá al año de producido el hecho o acto que motive la indemnización o se manifieste su efecto lesivo. En caso de **daños de carácter físico o psíquico** a las personas el plazo **empezará a computarse desde la curación o la determinación del alcance de las secuelas.**

El Tribunal Supremo en cuanto al cómputo ha establecido el principio de la *actio nata* que tal como recoge la STSJ de Extremadura n.º 662/2022, de 15 de diciembre, ECLI:ES:TSJEXT:2022:1477:

«(...) expresa el principio de la "actio nata", impidiendo iniciar el cómputo del plazo para ejercitar la acción de responsabilidad antes de que se tenga un cabal conocimiento de su alcance, siendo decisivo, en estos casos, distinguir entre daños permanentes y daños continuados a efectos de establecer el "dies a quo"; habiendo señalado asimismo el Tribunal Supremo en sentencia de fecha 28 de junio de 2011 que "el plazo no puede quedar eternamente abierto, de forma indefinida y al arbitrio de las partes"».

La jurisprudencia ha distinguido entre los **daños permanentes y daños continuados,** tal como recoge la **sentencia del Tribunal Supremo, rec. 4867/2011, de 31 de marzo de 2014, ECLI:ES:TS:2014:1601,** en la que se establece:

- **Daños permanentes:** el acto generador de los mismos se agota en un momento concreto aun cuando sea inalterable y permanente en el tiempo el resultado lesivo.

- **Daños continuados:** son aquellos que, porque se producen día a día, de manera prolongada en el tiempo y sin solución de continuidad, es necesario dejar pasar un período de tiempo más o menos largo para poder evaluar económicamente las consecuencias del hecho o del acto causante del mismo.

Para el caso de los **daños continuados el plazo para reclamar no empezará a contarse sino desde el día en que cesan los efectos,** esto es, el *dies a quo* será aquel en que se conozcan definitivamente los efectos del quebranto. Esta jurisprudencia surge para dar respuesta a aquellos casos en los que, detectada una enfermedad o lesión, no resulta posible determinar el alcance de la secuela o los efectos de dicha lesión.

Ha sido en la **sentencia n.º 463/2019, de 4 de abril, ECLI:ES:TS:2019:1137,** en la que el Tribunal Supremo fija el criterio interpretativo del art. 67.1 de la LPAC estableciendo:

«Fijar como criterio interpretativo del art. 142.5 de la Ley 30/92 (67.1 de la Ley 39/15) que el "dies a quo" para el cómputo del plazo de un año para el ejercicio de una acción de responsabilidad patrimonial por daños físicos o psíquicos se iniciará en la fecha de la curación o de la estabilización, con conocimiento del afectado, de las secuelas, con independencia y al margen de que, con base en esas mismas secuelas, se siga expediente de incapacidad laboral, cualquiera que sea su resultado administrativo o judicial».

Por tanto, para la fijación del *dies a quo* resulta determinante establecer el **momento en el que la lesión se entienda estabilizada.** A continuación, veremos algunos ejemplos de la posición de los tribunales:

- **STSJ de Valencia n.º 732/2021, de 8 de octubre, ECLI:ES:TSJCV: 2021:7926**

«Pues bien, la reclamación que da origen a este recurso, presentada el 20 de enero de 2017alegando que, las lesiones sufridas en aquella caída acontecida el 20-11-2014 no se estabilizaron y conocieron hasta el informe médico emitido el 20-1- 2016.

No obstante, dicha tesis, tal y como se razona en la instancia, no puede tener favorable acogida habida cuenta que el informe médico emitido el

20-1-2016 por un especialista en traumatología reconoce que el **25-11-2014 se le dio de alta hospitalaria, tras la intervención quirúrgica** a la que fue sometida, y si bien constan otras dos visitas en traumatología los días 28-11 y 16-12-2014, se constata que **las lesiones producidas con motivo de la caída quedaron fijadas en dicha fecha**, por cuanto que el informe médico de 20-1-2016 se limita a reseñar que la paciente sigue quejándose de molestias en la cadera e inseguridad, sin concretar nuevas secuelas o una evolución o empeoramiento de las ya fijadas, y en todo caso reconoce que su evolución clínica está estancada sin que en definitiva conste o se acredite, evolución o empeoramiento de las secuelas concretadas tras el alta hospitalaria lo que impide, en definitiva, extender el dies a quo, más allá de la estabilización de las secuelas.

En definitiva no consta error alguno en la valoración de la prueba siendo acordes, con los informes médicos aportados las conclusiones alcanzadas en la misma sobre la prescripción de la acción para reclamar y por lo expuesto, quedando debidamente acreditado que la acción está prescrita, y procedía la desestimación del recurso, asimismo procede la desestimación de la apelación».

- STSJ de Galicia n.º 398/2017, de 19 de julio, ECLI:ES:TSJGAL:2017:5386

«La aplicación de los anteriores criterios al presente caso determinan que el recurso de apelación haya de ser estimado, porque con independencia de la suerte que respecto del fondo de la reclamación presenta acerca de la relación de la afectación de la rodilla izquierda con la caída sufrida a consecuencia del estado de vía, hemos de advertir que en su **reclamación**, presentada el 30 de julio de 2013 (folio 4 del expediente) sí que **se relacionan todas las dolencias, también las de la rodilla, con la caída y de éstas no se habría recuperado hasta el mes de octubre de 2012**, de hecho reclama un total de 477 días de curación, por lo que, en principio y tal como viene formulada la reclamación, hemos de concluir que **la acción no estaba prescrita porque no habría mediado un año desde la finalización del tratamiento rehabilitador, también de rodilla, hasta la fecha de presentación de la reclamación**. Otra cosa será que, de tener que entrarse en el fondo del asunto, por apreciarse responsabilidad en el Ayuntamiento, deba o no imputarse la condromalacia de rodilla a la caída, pero esta es una cuestión distinta a la prescripción que, entendemos que no concurre, por lo que este aspecto del recurso ha de ser estimado y la sentencia revocada».

- STSJ de Asturias n.º 698/2024, de 24 de julio, ECLI:ES:TSJAS:2024:1769

En el caso analizado en esta resolución la sentencia de primera instancia razona:

«(...) "En el presente caso, la caída se produjo el día 30-10-2021. Coinciden el informe médico de valoración del daño corporal del Dr. Nicolás y el de la perito Dra. Rocío que el **tratamiento rehabilitador se extendió hasta el 17-6-2022, "fecha de estabilización del proceso"**, según el informe del Dr. Nicolás, quien califica de "revisión" la consulta en el Servicio de Traumatología del Hospital de Jove efectuada el 20-6-2023, no constando ningún tipo de tratamiento ni consulta entre el fin de la rehabilitación y dicha revisión.

De estos informes se desprende que, al finalizar la rehabilitación el 17-6-2022, ya estaban consolidadas y estabilizadas las lesiones y **la actora estaba en disposición de ejercitar la acción de responsabilidad, lo cual no hizo hasta el día 19- 7-2023"**».

La parte interesada alega que el cómputo de la prescripción debió comenzar el 19 de julio de 2023, sin embargo, el TSJ incide que la fecha determinante para el cómputo es la estabilización de la lesión:

«Así, siguiendo en dicho razonamiento, la misma conclusión se obtiene examinando los informes periciales, de un lado, del Dr. Nicolás que emitió informe para la recurrente y en el que puso de manifiesto que la caída se produjo el 30-10-2021 y que tras las actuaciones que pone de manifiesto en su informe, indica que realizó tratamiento rehabilitador en el Servicio de Rehabilitación hasta el 17-6-2022, fecha de estabilización del proceso. Lo que reiteró al final de su informe al señalar un período total de 230 días, precisando "Período comprendido desde la fecha del traumatismo hasta el alta emitida por parte del S. de Rehabilitación del Hptal de Jove el 17/06/2022".

Y, de otro lado, en el mismo sentido se ha señalado por la Dra. Rocío que emitió informe para la demandada, toda vez que indicó que la caída se produjo el 30-10-2021 y que el 17-6-2022 es dada de alta por el Sº de Rehabilitación por estabilización del proceso, habiendo contabilizado un total de 231 días, comprendidos entre el 30/10/2021, fecha del accidente y el 17-6-2022, fecha de alta en el Sº de Rehabilitación.

(...)

Por otro lado, tampoco procede acoger la tesis sustentada por la apelante acerca de extender el período a la fecha de 20-6-2023, esto es, habiendo transcurrido más de un año, desde el 17-6-2022, fecha de alta y estabilización del proceso, según indicaron los peritos citados anteriormente, al considerar que como se ha señalado en la sentencia recurrida al respecto "no constando ningún tratamiento ni consulta entre el fin de la rehabilitación y dicha revisión" lo que no ha sido desvirtuado y considerando dicho lapso temporal superior a un año».

5.3.2. La legitimación

Legitimación activa

Para determinar la legitimación activa debemos acudir en primer lugar a lo dispuesto en el art. 32.1 de la LRJSP el cual establece:

«Los particulares tendrán derecho a ser indemnizados por las Administraciones Públicas correspondientes, de toda lesión que sufran en cualquiera de sus bienes y derechos, siempre que la lesión sea consecuencia del funcionamiento normal o anormal de los servicios públicos salvo en los casos de fuerza mayor o de daños que el particular tenga el deber jurídico de soportar de acuerdo con la Ley.

La anulación en vía administrativa o por el orden jurisdiccional contencioso administrativo de los actos o disposiciones administrativas no presupone, por sí misma, derecho a la indemnización».

Por tanto, estará legitimada la **persona física que haya sufrido una lesión o perjuicio ocasionado por una caída en la vía pública**. La **SJCA n.º 1 de Albacete n.º 259/2022, de 22 de diciembre, ECLI:ES:JCA:2022:4155**, ha reconocido la legitimación activa de los familiares por los **perjuicios que sufran por la muerte del afectado, al establecer**:

> «Así, la legitimación activa de quienes sostienen la reclamación resulta indiscutible, al plantearse aquella como medio de compensación de los perjuicios sufridos por familiares del ciclista fallecido, quedando ligada, por tanto, al vínculo familiar existente entre todos ellos, cuya realidad ha sido suficientemente acreditada mediante los correspondientes Libros de Familia».

Los familiares no solo están legitimados para la reclamación *ex iure propio* por la muerte, sino que **también ostentan legitimación *ex iure hereditatis* por el daño corporal sufrido por el causante en vida**, y ello por cuanto ha señalado la **STSJ de Madrid n.º 178/2024, de 26 de febrero, ECLI:ES:TSJM:2024:2271**:

> «Ahora bien, el derecho de los particulares a ser resarcidos económicamente por los daños y perjuicios sufridos, a consecuencia de una conducta jurídicamente imputable a otra persona (art. 1902 CC), genera un derecho de crédito de contenido patrimonial, condicionado a la concurrencia de los presupuestos de los que surge la responsabilidad civil. Los bienes jurídicos sobre los que recae el daño cuando son la vida, la integridad física, los derechos de la personalidad, tienen carácter personalísimo y, como tales, no son transmisibles por herencia, pero cuestión distinta es el derecho a ser resarcido económicamente por mor de la lesión padecida, en tanto en cuanto goza de la naturaleza de un crédito de contenido patrimonial, que no se extingue por la muerte del causante (art. 659 CC).
>
> Este **derecho al resarcimiento económico nace desde el momento en que es causado el daño**, como resulta del juego normativo de los arts. 1089 y 1902 del CC, no cuando es ejercitado ante los tribunales o reconocido en una sentencia judicial, que tiene efectos meramente declarativos y no constitutivos del mismo. **Lo adquiere el lesionado desde que lo sufre y queda integrado en su patrimonio, susceptible de ser transmitido a sus herederos**».

Legitimación pasiva

La responsabilidad de la Administración en el caso de una caída en la vía pública nace cuando un obstáculo en la calle supera lo que es el normal límite de atención exigible en el deambular. Esta responsabilidad puede tener su origen tanto en el funcionamiento normal como anormal de la Administración pública. En estos supuestos la **legitimación pasiva le corresponde a la Administración titular de la vía**, por ser esta la que tiene la obligación de mantener la vía en adecuadas condiciones para el tránsito.

Ahora bien, existen algunos supuestos en los que se puede cuestionar la legitimación pasiva por **confluir varios responsables** que deben responder del perjuicio como son los casos en los que la Administración tiene contratado un seguro de responsabilidad y cuando intervengan en el hecho la actuación de una empresa concesionaria.

‖ Legitimación pasiva cuando exista un seguro de responsabilidad

Cuando la Administración tiene contratado un seguro para los casos en los que se produzca la responsabilidad patrimonial de la Administración, el perjudicado tiene **varias vías para la reclamación de la indemnización**, resulta en este punto de especial interés la **STS n.º 169/2024, de 12 de febrero, ECLI:ES:TS:2024:702**, que establece que el perjudicado tendrá las siguientes opciones:

– Acudir a la vía administrativa

Una de las posibilidades que ofrece el ordenamiento jurídico en estos casos es que el perjudicado formule la oportuna **reclamación administrativa ante la Administración** para obtener el resarcimiento del daño.

– Acudir a la vía contencioso-administrativa

Si formulada la reclamación administrativa fuera desestimada expresamente o por silencio administrativo, o en caso de que el perjudicado no esté conforme con la indemnización que se haya fijado, podrá **acudir a la vía contencioso-administrativa**. En la vía contenciosa el ejercicio de la acción **puede dirigirse contra la Administración** o, conforme al art. 21.c) de la LJCA, **frente a la Administración y a su compañía aseguradora.**

– Ejercitar acción directa contra la compañía de seguros ante la jurisdicción civil

En este caso el perjudicado puede **prescindir de la vía administrativa y demandar exclusivamente, a la compañía de seguros, ante la jurisdicción civil**, en virtud del art. 76 de la LCS. En este caso **la condena de la aseguradora dependerá de la existencia de responsabilidad patrimonial** de la Administración, que deberá acreditarse en el proceso civil, bajo los parámetros propios del derecho administrativo, lo que no es cuestión extravagante, sino expresamente prevista en el art. 42 de la LEC, que regula las cuestiones prejudiciales no penales que se susciten en el proceso civil.

Ahora bien, es importante establecer que **si el perjudicado ha optado por la vía administrativa** y su pretensión resarcitoria del daño sufrido fuese desestimada o estimada en parte, **no puede posteriormente acudir a la vía civil** para obtener el reconocimiento de la responsabilidad denegada o incrementar el importe de la indemnización fijada en dicha vía. Y ello, por cuanto, **el ordenamiento jurídico no posibilita el trasvase indistinto de una jurisdicción a otra ni la inversión de ámbitos ajenos a la propia.**

JURISPRUDENCIA

Sentencia del Tribunal Supremo n.º 358/2021, de 25 de mayo, ECLI:ES:TS:2021:2122

«(...) En este sentido, se recuerda que la acción directa del art. 76 LCS se funda en los principios de autonomía de la acción, solidaridad de obligados y dependencia

estructural respecto de la responsabilidad del asegurado, y que esto comporta que, aunque la acción directa goce de autonomía procesal (al ser posible demandar exclusivamente a la aseguradora ante la jurisdicción civil sin que previamente se sustancie una reclamación en vía administrativa), la aseguradora no pueda quedar obligada más allá de la obligación del asegurado, pues la jurisdicción contencioso-administrativa es la única competente para condenar a la Administración mientras que la jurisdicción civil sólo conoce de su responsabilidad y consecuencias a efectos prejudiciales en el proceso civil.

Esta jurisprudencia, con arreglo a lo cual esta sala ha desestimado la acción directa contra la aseguradora de la Administración cuando se ha utilizado por el perjudicado para conseguir de la aseguradora en vía civil una indemnización superior a la indemnización reconocida en vía administrativa o contencioso-administrativa, es también aplicable a un caso como el presente en el que la perjudicada, pudiendo demandar directamente a la aseguradora en vía civil, optó por acudir al expediente administrativo de responsabilidad patrimonial para exigir la responsabilidad patrimonial de la Administración sanitaria y la consiguiente indemnización del daño sufrido, y consintió que adquiera firmeza la resolución administrativa desestimatoria de su reclamación, dado que igual que "sería contrario a la legalidad que se utilizase la acción directa para impugnar el acto administrativo, que se había consentido, a los solos efectos indemnizatorios" (sentencia 321/2019, citada por la 579/2019), también lo sería utilizar la acción directa contra el asegurador para conseguir que la jurisdicción civil declarase la responsabilidad de la Administración sanitaria asegurada -por ser presupuesto para que responda la aseguradora- tras haber devenido firme el acto administrativo que negó la existencia de dicha responsabilidad».

‖ Legitimación pasiva cuando concurra una empresa concesionaria

La legitimación pasiva también presenta especialidades cuando la actividad causante del daño pueda no obedecer a la actividad de la propia Administración, sino a una **entidad privada no integrada en la Administración pública a la que presta sus servicios en virtud de un contrato** que le atribuye la ejecución o gestión de un servicio público o de una obra pública, y que como consecuencia de los mismos se ocasiona un daño o perjuicio a los particulares. En cuanto a la determinación de la responsabilidad en estos casos debemos atender al art. 196 de la Ley de Contratos del Sector Público:

«1. Será obligación del contratista indemnizar todos los daños y perjuicios que se causen a terceros como consecuencia de las operaciones que requiera la ejecución del contrato.

2. Cuando tales daños y perjuicios hayan sido ocasionados como consecuencia inmediata y directa de una orden de la Administración, será esta responsable dentro de los límites señalados en las leyes. También será la Administración responsable de los daños que se causen a terceros como consecuencia de los vicios del proyecto en el contrato de obras, sin perjuicio de la posibilidad de repetir contra el redactor del proyecto de acuerdo con lo establecido en el artículo 315, o en el contrato de suministro de fabricación.

3. Los terceros podrán requerir previamente, dentro del año siguiente a la producción del hecho, al órgano de contratación para que este, oído el contratista, informe sobre a cuál de las partes contratantes corresponde la responsabilidad de los daños. El ejercicio de esta facultad interrumpe el plazo de prescripción de la acción.

4. La reclamación de aquellos se formulará, en todo caso, conforme al procedimiento establecido en la legislación aplicable a cada supuesto».

La jurisprudencia ha señalado que **en los casos de que concurrencia de la Administración con contratistas o concesionarios, la responsabilidad corresponderá con carácter general a estos** últimos **siendo posible que el perjudicado acuda directamente frente al contratista ante la jurisdicción civil.** En caso de reclamación directa al contratista por la vía civil la acción **nunca podrá dirigirse conjuntamente frente a la Administración en tal orden jurisdiccional.**

La aplicación del apartado tercero del art. 196 **posibilita que la Administración declare la responsabilidad del contratista y fije las indemnizaciones.** Si no lo hace, elude su responsabilidad y le debe ser impuesta también a ella, es decir, que la omisión de no declarar quién debe responder de los daños, constituye motivo suficiente para atribuir la responsabilidad por daños también a la propia Administración. Esta interpretación se recoge en la **STSJ de Andalucía n.º 1077/2017, de 15 de noviembre, ECLI:ES: TSAND:2017:12580**:

> «No obstante, en aplicación del apartado tercero de tal precepto, se ha venido considerando por diversas Salas (STS 7-4-01; STSJA 22-11-04 y 1-6-06; STSJC- León 10-5-02). que, en aquellos casos en que la Administración se limita a declinar su responsabilidad en los hechos, sin indicar al perjudicado a cual de los partes contratantes corresponde responder por los daños causados, esta omisión por parte de la Administración constituye motivo suficiente para atribuir la responsabilidad por daños a la propia Administración, sin que pueda verse exonerada por la aplicación del párrafo primero del precepto, que con carácter general atribuye la obligación de indemnizar a la empresa contratista; y ello, porque la resolución que dicte la Administración, asumiendo o no la responsabilidad, es susceptible de recurso en esta vía contencioso-administrativa, tanto por el perjudicado, como por la empresa contratista. Lo que lleva a considerar, que cuando la Administración demandada incumple lo dispuesto y no da a conocer al perjudicado si de los daños por él sufridos debe de responder la propia Administración, o bien el contratista (o concesionario), a tenor del art. 98.3 citado (97.3 del texto refundido), la Administración no puede exonerarse de responsabilidad imputando a éste último la autoría y el resarcimiento de los daños causados».

> **A TENER EN CUENTA**. La sentencia referida se remite al art. 97 del Real Decreto Legislativo 2/2000, de 16 de junio, por el que se aprueba el texto refundido de la Ley de Contratos de las Administraciones Públicas actualmente derogado, pero dicha interpretación es plenamente aplicable a lo establecido en el vigente art. 196 de la LCSP.

5.3.3. La carga de la prueba

El art. 77.1 de la LPAC se remite a las disposiciones de la LEC en cuanto a la valoración de las pruebas, siendo por tanto de aplicación lo establecido en el art. 217 de la LEC de tal forma que conforme a lo señalado en este precepto:

> «1. Cuando, al tiempo de dictar sentencia o resolución semejante, el tribunal considerase dudosos unos hechos relevantes para la decisión, des-

estimará las pretensiones del actor o del reconviniente, o las del demandado o reconvenido, según corresponda a unos u otros la carga de probar los hechos que permanezcan inciertos y fundamenten las pretensiones.

2. Corresponde al actor y al demandado reconviniente la carga de probar la certeza de los hechos de los que ordinariamente se desprenda, según las normas jurídicas a ellos aplicables, el efecto jurídico correspondiente a las pretensiones de la demanda y de la reconvención.

3. Incumbe al demandado y al actor reconvenido la carga de probar los hechos que, conforme a las normas que les sean aplicables, impidan, extingan o enerven la eficacia jurídica de los hechos a que se refiere el apartado anterior (...)».

La **sentencia del Tribunal Superior de Justicia de Castilla y León n.º 723/2019, de 14 de mayo, ECLI:ES:TSJCL:2019:2169,** con relación a la interpretación de este precepto en cuanto a la responsabilidad patrimonial de la Administración ha señalado que **corresponde a quien sostiene que la Administración ha incurrido en responsabilidad patrimonial acreditar la concurrencia de los requisitos imprescindibles para poder declarar la responsabilidad de la Administración,** incluidos los distintos conceptos por los que reclama una indemnización y el importe de los mismos. Siendo carga de la **Administración probar los hechos impeditivos u obstativos a la pretensión de la parte actora.**

Estas normas de la carga de la prueba deben conectarse con el **principio de facilidad probatoria** —cuando a una de las partes le resulta fácil probar el hecho controvertido y no lo hace— y con el de **posibilidad probatoria** —ya que no es posible exigir pruebas que resulten difíciles o de imposible realización—.

En el ámbito de la responsabilidad patrimonial de la Administración por una caída en la vía pública debemos señalar que resulta de **especial importancia que la parte actora acredite la relación de causalidad entre la caída y la prestación del servicio** por parte de la Administración demandada. Un ejemplo de la transcendencia de esta prueba se encuentra en la **STSJ de Madrid n.º 928/2023, de 13 de noviembre, ECLI:ES:TSJM:2023:12984:**

«- La prueba debe ser suficiente para imputar un comportamiento omisivo que sea indemnizable, es decir, que de origen a la responsabilidad patrimonial. Sirva la STSJ de Madrid, sec. 10ª, 577/2023, de 30 de Junio (rec. 840/2022) cuando afirma que " para entender existente la relación de causalidad se requiere una actuación de los servicios de conservación generadora de un riesgo grave y evidente en relación con los usos normales a efectuar en la vía pública. En este sentido, se carece de una fotografía que nos permita saber cómo estaba el pavimento. Las únicas inferencias y conclusiones al respecto son las que se han expresado en el fundamento 4º al analizar el exiguo material probatorio aportado por la actora, y de esas inferencias, consideramos que que no se puede exigir una total uniformidad en la vía pública ni el desperfecto del acerado precisaba una actividad o diligencia extraordinaria para evitar la caída. En los casos como el examinado, la jurisprudencia viene reiterando que la responsabilidad de la Administración surge cuando el obstáculo en la calle supera lo que es el normal límite de atención exigible, pues no puede exigirse una total uniformidad en la vía pública».

Ahora bien, la carga de la prueba en cuanto a la causalidad también se traslada a la **Administración por cuanto le corresponde demostrar que la caída no se ha producido como consecuencia de la actuación de la misma.** Resulta de interés en este sentido la **STSJ de Castilla y León n.º 1361/2023, de 21 de diciembre, ECLI:ES:TSJCL:2023:4920**:

> «- En relación con la causa de la caída, verdadero núcleo gordiano de la controversia, la sentencia da por acreditado que la caída se produjo por el mal estado en el que se encontraba la vía pública; conclusión a la que llega, en resumen, por la declaración de la propia perjudicada; y por la documental obrante en autos, especialmente: (i) los informes médicos del día de la caída; (ii) las fotografías realizadas del desperfecto existente en el lugar de la caída y (iii) el informe del Área de Ingeniería Civil de 21 de abril de 2015 en el que se dice que el citado desperfecto fue subsanado el 20 de abril (de 2015), luego después del accidente que estamos analizando.
>
> La sentencia basa su convicción, al examinar este extremo, en la declaración de la víctima. Versión que entiende verosímil y coherente con el resto de elementos fácticos --no controvertidos-- de los que dispone (informes médicos, fotografías del desperfecto); y que refuerza con el testimonio de sus hermanos (aun cuando su declaración, por razones obvias, entiende la sala que debe valorarse con reservas), uno de los cuales fue el que manifestó que al día siguiente (15 de noviembre) acudió al lugar de la caída a tomar la fotografía del desperfecto que obra en autos; y el otro, y así lo hace constar la sentencia apelada, tras acudir también al lugar del accidente, manifestó que su hermana le indicó el hueco del que venimos hablando.
>
> Son comprensibles las dudas exteriorizadas por la representación de la codemandada, si atendemos en especial a lo declarado por los agentes que se desplazaron al lugar del accidente, quienes manifestaron --en la vista-- no recordar la existencia del desperfecto el citado día (en la zona de la caída), así como que ninguna de las personas con las que se entrevistaron les refirió o indicó el desperfecto (tampoco como causa del tropiezo y posterior caída).
>
> Entendemos, así todo, que la sentencia apelada, de forma motivada, ha dado plena credibilidad al relato de la actora, sin que, por lo demás, tengamos elementos para cuestionar la autenticidad (fecha) de las fotografías obrantes en el expediente, como sugiere la codemandada en sede de apelación.
>
> No apreciando la sala como ilógica o irrazonable la conclusión, en este punto, alcanzada por la Juzgadora a quo, tenemos que tener por acreditado que la causa de la caída fue el tropiezo de la actora como consecuencia de introducir el pie en el repetido hueco».

5.3.4. Las costas en caso de silencio administrativo

El art. 139.1 de la LJCA en cuanto a la **condena en costas en la primera o única instancia del procedimiento contencioso-administrativo** establece:

> «1. En primera o única instancia, el órgano jurisdiccional, al dictar sentencia o al resolver por auto los recursos o incidentes que ante el mismo se promovieren, impondrá las costas a la parte que haya visto rechazadas

todas sus pretensiones, salvo que aprecie y así lo razone, que el caso presentaba serias dudas de hecho o de derecho.

En los supuestos de estimación o desestimación parcial de las pretensiones, cada parte abonará las costas causadas a su instancia y las comunes por mitad, salvo que el órgano jurisdiccional, razonándolo debidamente, las imponga a una de ellas por haber sostenido su acción o interpuesto el recurso con mala fe o temeridad».

Este precepto establece como criterio de imposición de las costas procesales el tradicional **criterio de vencimiento,** de tal forma que, la parte que vea desestimada su pretensión deberá sufragar, en el porcentaje que se determine, las costas del proceso.

En los casos en que el agotamiento de la vía administrativa se produce por silencio administrativo, se ha cuestionado si este sería suficiente para determinar que en el caso existen serias dudas de hecho y de derecho. Esta cuestión ha sido planteada ante el Tribunal Supremo el cual ha concluido que **no puede estimarse como regla general que la ausencia de resolución expresa genera el criterio del vencimiento que es la regla general y primaria para la imposición de costas.**

Así, el Tribunal Supremo en la **sentencia n.º 376/2020, de 12 de marzo, ECLI:ES:TS:2020:928,** señala que los términos del art. 139 de la LJCA son claros y que habiendo tomado el legislador en consideración la peculiaridad del silencio administrativo para el desarrollo del proceso, el que no se haya establecido ninguna especialidad en cuanto a la imposición de las costas supone que no resulte procedente establecerla por la vía interpretativa. Ahora bien, debe tenerse presente el amplio margen que el legislador confiere en el criterio de imposición, por lo que el Alto Tribunal matiza la interpretación estricta señalando al respecto:

«Se quiere con lo expuesto poner de manifiesto que no caben criterios generales en la interpretación del precepto, sino que deberá estarse al caso concreto y determinar, atendidas las circunstancias del mismo, determinar cuando existe ese presupuesto legal, con la ineludible exigencia de que esa valoración se razone en las resoluciones que decidan sobre las costas, como expresamente y reforzadamente impone el referido artículo 139.1°.

Pues bien, **nada impide que esa dudas pueden estar generadas por la falta de resolución expresa por parte de la Administración,** cuando tiene impuesta la obligación legal de dictar resolución expresa -que puede serle exigida por los ciudadanos que le efectuaren peticiones, como ponen de manifiesto los artículos 22, en relación con el 24, de la actual Ley del Procedimiento Administrativo Común de las Administraciones Públicas-, incluso en el presente supuesto, la misma parte recurrente pone de manifiesto que esa falta de resolución expresa le ha impedido poder conocer los hechos de la desestimación de su petición. Es decir, **nada impide que esa falta de resolución expresa, cuando el Tribunal que decida el debate lo estime procedente y lo motive, pueda llevar a considerar que genera esas dudas de hecho o de derecho, que permitirían dejar de aplicar el criterio del vencimiento».**

En el mismo sentido se pronunció en la **STS n.º 197/2022, de 8 de noviembre, ECLI:ES:TS:2022:4009**, en la que señala:

> «Se introduce, pues, una cláusula de mitigación del rigor del vencimiento que queda a la apreciación motivada del Juzgador (que no puede ser revisada en casación), cuando advierta "serias" dudas de hecho o de derecho. Las dudas han de ser "serias", es decir tener entidad suficiente para excepcionar el régimen general, y la motivación suele ser parca, traduciéndose en fórmulas más o menos estereotipadas de estilo: "derivadas de la complejidad y diversidad de la controversia". Y **en esa apreciación motivada del Juzgador puede incluirse el silencio administrativo, cuando haya generado serias dudas de hecho o de derecho para la resolución del pleito.**
>
> Igualmente, y en lo que aquí interesa, su apartado 4, prevé, con carácter general, la posibilidad de limitar la cuantía de las costas: "La imposición de las costas podrá ser a la totalidad, a una parte de éstas o hasta una cifra máxima". Decisión que queda también a criterio del Juzgador, sin necesidad, en este caso, de ningún tipo de motivación.
>
> De cuanto queda expuesto, es claro que el Legislador no ha previsto un régimen singularizado en materia de costas cuando lo impugnado sea una desestimación presunta (ficción legal encaminada a posibilitar el acceso a la vía jurisdiccional cuando no existe una resolución expresa), sin que, por vía de un pronunciamiento jurisprudencial, pueda establecerse un nuevo régimen, ya que los Tribunales, sin excepción, están vinculados a la Ley, y dada la claridad de sus términos, no cabe otra interpretación que la gramatical (art. 3 C. Civil)».

Un ejemplo en el que no se imponen costas en el procedimiento por entender que el silencio de la Administración obligó al particular a acudir a la vía jurisdiccional lo encontramos en la **STSJ de Castilla y León n.º 1958/2015, de 15 de septiembre, ECLI:ES:TSJCL:2015:4099**, que establece:

> «De conformidad con el artículo 139 de la Ley de la Jurisdicción Contencioso-Administrativa procedería imponer las costas a la parte recurrente en tanto que la misma carece de fundamento alguno para interponer su reclamación. No obstante, dado que la administración demandada no dictó resolución administrativa expresa alguna e incumplió su obligación de dictar una resolución administrativa expresa en respuesta de las pretensiones de la recurrente, lo que la obligó a acudir a la vía jurisdiccional para recibir una respuesta motiva a la misma, no procede imponer las mismas a la recurrente. Vistos los preceptos legales citados y demás de general y pertinente aplicación».

ANEXO I.
CASOS PRÁCTICOS

Caso práctico | Acción directa contra compañía de seguros derivada de responsabilidad civil de una Administración pública

PLANTEAMIENTO

En un caso de responsabilidad civil de una Administración pública, ¿se puede ejercitar la acción directa contra la compañía de seguros por vía civil?

RESPUESTA

La respuesta ha de ser afirmativa, conforme a lo previsto en el artículo 76 de la LCS del que se infiere la posible acción directa contra el asegurador por parte del perjudicado o sus herederos para exigirle el cumplimiento de la obligación de indemnizar, sin perjuicio del derecho del asegurador a repetir contra el asegurado, en el caso de que sea debido a la conducta dolosa de este, el daño o perjuicio causado a tercero.

No obstante, el problema surge cuando la responsabilidad de la Administración pública ha sido reclamada inicialmente mediante reclamación administrativa, en este sentido resulta especialmente interesante la **sentencia del Tribunal Supremo n.º 358/2021, de 25 de mayo, ECLI:ES:TS:2021:2122**, que señala:

> «TERCERO.- El recurso ha de ser estimado porque la sentencia recurrida se opone a la doctrina jurisprudencial de esta sala fijada a partir de su sentencia de pleno 321/2019 y reiterada en las sentencias 579/2019, de 5 de noviembre, 473/2020, de 17 de septiembre, de pleno, y 501/2020, de 5 de octubre, sobre la vinculación de la jurisdicción civil a lo resuelto por la Administración en el expediente de responsabilidad patrimonial, o en su caso a la resuelto por la jurisdicción contencioso- administrativo si se impugna el acto administrativo.
>
> Según esta jurisprudencia, el análisis de los efectos de la resolución administrativa firme en el proceso civil no debe enfocarse tanto desde la perspectiva de la cosa juzgada como desde las peculiaridades del seguro de responsabilidad civil y de la acción directa y, muy especialmente, de la dependencia estructural respecto de la responsabilidad del asegurado. En este sentido, se recuerda que la acción directa del art. 76 LCS se funda en los principios de autonomía de la acción, solidaridad de obligados y dependencia estructural respecto de la responsabilidad del asegurado, y que esto comporta que, aunque la acción directa goce de autonomía procesal (al **ser posible demandar exclusivamente a la aseguradora ante la jurisdicción civil sin que previamente se sustancie una reclamación en vía administrativa**), la aseguradora **no pueda quedar obligada más allá de la obligación del asegurado,** pues la **jurisdicción contencioso-administrativa es la única competente para condenar a la Administración mientras que la jurisdicción civil sólo conoce de su responsabilidad y consecuencias** a efectos prejudiciales en el proceso civil.
>
> Esta jurisprudencia, con arreglo a lo cual esta sala ha desestimado la acción directa contra la aseguradora de la Administración cuando se ha utilizado por el perjudicado para conseguir de la aseguradora en vía civil una indemnización superior a la indemnización reconocida en vía administrativa o contencioso-ad-

ministrativa, es también aplicable a un caso como el presente en el que **la perjudicada, pudiendo demandar directamente a la aseguradora en vía civil, optó por acudir al expediente administrativo de responsabilidad patrimonial** para exigir la responsabilidad patrimonial de la Administración sanitaria y la consiguiente indemnización del daño sufrido, y consintió que adquiera firmeza la resolución administrativa desestimatoria de su reclamación, dado que igual que "sería contrario a la legalidad que se utilizase la acción directa para impugnar el acto administrativo, que se había consentido, a los solos efectos indemnizatorios" (sentencia 321/2019, citada por la 579/2019), también lo sería utilizar la acción directa contra el asegurador para conseguir que la jurisdicción civil declarase la responsabilidad de la Administración sanitaria asegurada -por ser presupuesto para que responda la aseguradora- tras haber devenido firme el acto administrativo que negó la existencia de dicha responsabilidad».

En el mismo sentido la **STS n.º 169/2024, de 12 de febrero, ECLI:ES:TS:2024:702**, cuya lectura íntegra recomendamos por su claridad al exponer este tema, reconoce expresamente entre las opciones del perjudicado **ejercitar exclusivamente la acción directa contra la compañía de seguros ante la jurisdicción civil**. En este caso «(...) la condena de la aseguradora dependerá de la existencia de responsabilidad patrimonial de la administración asegurada, que deberá acreditarse, en el proceso civil, bajo los parámetros propios del derecho administrativo, lo que no es cuestión extravagante, sino expresamente prevista en el art. 42 de la LEC, que regula las cuestiones prejudiciales no penales que se susciten en el proceso civil». Recuerda el Supremo que lo que estaría vedado al perjudicado es acudir a la vía administrativa y, si su pretensión es rechazada, acudir posteriormente a la vía civil.

Caso práctico | Si existe responsabilidad concurrente de distintas AA. PP., ¿pueden presentarse dos reclamaciones previas distintas?

PLANTEAMIENTO

Cuando un ciudadano sufre un daño y entiende que las responsables son varias AA. PP. de manera concurrente, ¿puede demandar a las dos?, ¿es necesario presentar reclamación previa ante todas ellas?

RESPUESTA

Para dar respuesta a este caso práctico podemos citar la **sentencia del Tribunal Superior de Justicia de Galicia n.º 357/2024, de 15 de mayo, ECLI:ES:TSJGAL: 2024:3663,** en la que se pronuncia sobre la concurrencia de responsabilidades diferenciando aquellos supuestos en los que existen dudas sobre la atribución de responsabilidad de aquellos en los que la responsabilidad está perfectamente delimitada:

«Así, el citado art. 33 dispone que, en supuestos de concurrencia de varias Administraciones en la producción del daño distintos de la gestión dimanante de fórmulas conjuntas de actuación entre varias Administraciones públicas, la responsabilidad se fijará para cada Administración atendiendo a los criterios de competencia, interés público tutelado e intensidad de la intervención. La responsabilidad será solidaria cuando no sea posible dicha determinación; y que cuando se trate de procedimiento en materia de responsabilidad patrimonial, la Administración Pública competente para incoar, instruir y resolverlo, deberá consultar a las restantes Administraciones implicadas para que, en el plazo de quince días, éstas puedan exponer cuanto consideren procedente.

La redacción este precepto legal vino precedida de una larga doctrina jurisprudencial (STS de 15.12.1993, 23.11.2000, 12.12.2001) conforme a la cual el **principio de solidaridad** entre las Administraciones Públicas concurrentes a la producción del daño viene impuesta la efectividad del principio de indemnidad, que constituye el fundamento de la responsabilidad patrimonial. Así ocurre **cuando la participación concurrente desde el punto de vista causal de varias Administraciones o las dudas acerca de la atribución competencial de la actividad cuestionada imponen soluciones favorables a posibilitar el ejercicio de la acción por el particular perjudicado, sin perjuicio de las relaciones económicas internas entre ellas.**

Sin embargo, **tales soluciones carecen de sentido cuando la titularidad de la responsabilidad es susceptible de ser definida con claridad,** bien desde el punto de vista formal, atendiendo al criterio de ejercicio de la competencia, bien desde el punto de vista sustantivo acudiendo al criterio del beneficio, revelado por la intensidad de la actuación o por la presencia predominante del interés del tutelado por una de las Administraciones intervinientes. En estos casos, se impone atribuir la legitimación a la Administración a la que corresponde el protagonismo en la actividad dañosa y excluir a las que han colaborado mediante actividades complementarias o accesorias, pero no significativas desde el punto de vista del desempeño de la actividad o servicio causante del servicio y su relevancia como causa eficiente».

Recordando también la postura del Tribuna Supremo al respecto: «(...) "como en cualquier supuesto de responsabilidad extracontractual, esta tiene la naturaleza de solidaria, de manera que frente al perjudicado cada obligado responde de la totalidad de la deuda, si son declarados responsables. La solución de la responsabilidad solidaria, (en este caso entre dos Administraciones), es plenamente conforme a una jurisprudencia ya consolidada del Tribunal Supremo (STS Sala 3ª de 11 diciembre 2002, STS Sala 3ª de 27 diciembre 1999, STS Sala 3ª de 23 febrero 1995): **La aceptación de un vínculo de solidaridad entre los distintos responsables del perjuicio causado, como** único **medio para dar satisfacción a las exigencias propias del principio**, básico en la materia, de la garantía de la víctima, **que, de otro modo, correría el riesgo de quedar burlado**. Todo ello, sin perjuicio de las relaciones internas entre ambas Administraciones Públicas»

Concluye el TSXG que:

«El expresado vínculo de solidaridad no excluye, claro está, que deban proseguirse los trámites procedimentales correspondientes cuando se entiende concurrente la responsabilidad de varias Administraciones Públicas o entidades de derecho público con personalidad jurídica propia, pues la exigencia de responsabilidad patrimonial de la Administración, ya sea en vías de derecho público o privado, se encuentra sometida al cumplimiento de los trámites especificados en una vía administrativa previa, que no es posible obviar, y contra cuya decisión final -sea expresa o tácita- es cuando procederá el recurso judicial.

Por ello, **los demandantes actuaron correctamente cuando dirigieron sendas reclamaciones de responsabilidad patrimonial frente a las dos Administraciones implicadas** (...)».

Caso práctico | La responsabilidad patrimonial de la Administración por una caída en un coto de pesca

PLANTEAMIENTO

Un pescador con licencia en vigor ha pagado las tasas correspondientes para pescar en un coto de pesca gestionado por la Administración. Durante una de sus visitas al coto, sufre un accidente debido al mal estado de un puente construido por los propios pescadores que conduce al área de pesca, resultando en lesiones graves. ¿Tiene derecho el pescador a una indemnización de la Administración ya que ha pagado unas tasas y por tanto la Administración debería mantener el terreno en buen estado?

RESPUESTA

Es importante partir de la idea de que habría que analizar todas las circunstancias del caso concreto, pero podemos tener en cuenta la **sentencia del Tribunal Superior de Justicia de Castilla y León n.º 1958/2015, de 15 de septiembre, ECLI:ES:TSJCL: 2015:4099**, en la que en un supuesto similar se rechaza la responsabilidad de la Administración.

En la mentada sentencia, el recurrente, un pescador con licencia en vigor, había pagado las tasas correspondientes para pescar en un coto de pesca gestionado por la Administración. Durante una de sus visitas al coto, sufre un accidente debido al mal estado del terreno que conduce al área de pesca, resultando en lesiones graves. El pescador decide reclamar una indemnización a la Administración, argumentando que, habiendo pagado las tasas, la Administración tiene la obligación de mantener el terreno en buen estado. La Administración, por su parte, argumenta que su responsabilidad se limita a la gestión y ordenación de las masas de agua y no incluye el mantenimiento de los accesos al coto de pesca, especialmente si estos no son de su titularidad. Además, se destaca que la pasarela en donde sufrió el accidente el pescador no era titularidad de la Administración, sino que había sido creada por los propios usuarios del coto.

Para determinar si la Administración es responsable patrimonialmente, la sentencia recuerda los requisitos necesarios para apreciar dicha responsabilidad:

> «a) La efectiva realidad del daño o perjuicio, evaluable económicamente e individualizado en relación a una persona o grupo de personas.
> b) Que el daño o lesión patrimonial sufrida por el reclamante sea consecuencia del funcionamiento normal o anormal -es indiferente la calificación- de los servicios públicos en una relación directa e inmediata y exclusiva de causa a efecto, sin intervención de elementos extraños que pudieran influir, alterando, el nexo causal.
> c) Ausencia de fuerza mayor.
> d) Que el reclamante no tenga el deber jurídico de soportar el daño cabalmente causado por su propia conducta».

Además, analiza el requisito de la antijuridicidad del daño. Según la jurisprudencia, no todo daño causado por la Administración debe ser reparado, sino únicamente aquellos que sean antijurídicos, es decir, aquellos que el particular no tenga el deber jurídico de soportar.

En este caso, la antijuridicidad del daño se centra en si el pescador tiene o no el deber jurídico de soportar el mal estado del terreno. La jurisprudencia establece que la antijuridicidad no se refiere a la legalidad o ilegalidad del acto causante, sino a la falta de justificación conforme al ordenamiento jurídico, en cuanto no impone al perjudicado esa carga patrimonial y singular que el daño implica.

La Administración argumenta que las tasas pagadas por el pescador no son un precio por el mantenimiento del terreno, sino por la autorización para pescar en el coto. Además, la normativa aplicable no impone a la Administración la obligación de mantener en buen estado los accesos al coto de pesca, especialmente si estos no son de su titularidad. En este sentido el tribunal señala:

> «(...) el actor afirma que la Junta de Castilla y León debió mantener en buen estado la pasarela o, al menos, señalizar su mal estado y, de alguna forma, fundamenta su deber en el hecho de que el actor había abonado las tasas por pescar en el coto. Pues bien, en relación con esto último debe recordarse que las tasas en materia de pesca en el ámbito de esta Comunidad Autónoma no son un precio o peaje por pasar o circular por un determinado terreno o zona. Ciertamente, para pescar legalmente, es necesario estar en posesión de la licencia de pesca en vigor, salvo los casos legalmente excepcionados (ver artículo 11 y siguientes de la Ley de Pesca 9/13 de 3 de diciembre), pero ello tampoco supone que el Junta de Castilla y León garantice el buen estado del terreno por el que los pescadores discurran para acceder al coto de pesca, solamente le habilita para pescar en el coto(...)».

En conclusión, para que la Administración sea responsable patrimonialmente, el daño sufrido por el pescador debe ser antijurídico, es decir, que el pescador no tenga el deber jurídico de soportarlo. En este caso, dado que las tasas pagadas no incluyen el mantenimiento del terreno y la normativa no impone a la Administración dicha obligación, el daño no puede considerarse antijurídico. Además, la pasarela en donde sufrió el accidente el pescador no era titularidad de la Administración, sino que había sido creada por los propios usuarios del coto. Por lo tanto, la Administración no tendría la obligación de indemnizar al pescador por las lesiones sufridas debido al mal estado del terreno.

Caso práctico | ¿Tiene responsabilidad la Administración por un tropezón en un escalón pintado de otro color?

PLANTEAMIENTO

Una ciudadana interpone una reclamación de responsabilidad patrimonial contra el ayuntamiento debido a una caída sufrida mientras caminaba por un paseo. Según su relato, la caída se produjo debido a un escalón mal señalizado en el pavimento, lo que le causó diversas lesiones. La lesionada alega que el escalón, aunque estaba pintado de un color diferente al resto del pavimento, no era suficientemente visible y que el ayuntamiento no había tomado las medidas adecuadas para garantizar la seguridad de los peatones.

El ayuntamiento se opone a la reclamación, argumentando que el escalón estaba claramente pintado de un color diferente para advertir a los viandantes de su presencia y que la caída se produjo en horas diurnas, con buena visibilidad y sin condiciones meteorológicas adversas. Además, sostienen que la acera es amplia y despejada, sin elementos que dificulten la visión del espacio por el que se transita.

¿Puede prosperar la reclamación de la perjudicada?

RESPUESTA

Como en toda reclamación de responsabilidad patrimonial a la Administración es necesario atender a todas las circunstancias del caso concreto para valorar el cumplimiento de todos los requisitos necesarios para que nazca dicha responsabilidad, citados, por ejemplo, en la **STSX de Galicia n.° 634/2023, de 19 de julio, ECLI:ES: TSJGAL:2023:5300**:

- – Una lesión patrimonial equivalente a daño o perjuicio (en la doble modalidad de lucro cesante o daño emergente).
- – Daño antijurídico que no hay obligación de soportar: la lesión se define como daño ilegítimo.
- – Relación de causalidad: debe existir un vínculo entre la lesión (acto dañoso) y el agente que la produce (Administración pública).
- – La lesión debe ser real y efectiva.

En un supuesto similar al planteado en este caso, la **sentencia del Tribunal Superior de Justicia de Asturias n.° 289/2024, de 26 de marzo, ECLI:ES:TSJAS:2024:819**, considera que no existe nexo causal, ya que el escalón estaba debidamente pintado en un color diferente, y que con un mínimo de diligencia por parte de la perjudicada podría haberse evitado.

La reclamación de la ciudadana se centraba en la supuesta falta de visibilidad del escalón, a pesar de estar pintado de un color diferente. La mentada sentencia recuerda que para que una reclamación de responsabilidad patrimonial prospere, es necesario demostrar la existencia de un **nexo causal** entre el defecto del pavimento y la caída, así como la diligencia del peatón al deambular por la vía pública.

En el supuesto analizado en la sentencia el tribunal de instancia consideró que el escalón estaba claramente pintado de un color diferente, lo que debería haber sido suficiente para que cualquier peatón lo advirtiera con una mínima diligencia. Además, se destacó que la caída se produjo en horas diurnas, con buena visibilidad y sin condiciones meteorológicas adversas, lo que refuerza la idea de que el defecto invocado era salvable con una mínima atención por parte de la demandante:

> «Por otro lado, la sentencia recurrida resalta que era de día y que el entorno es diáfano, en lugar fácilmente visible y con anchura suficiente para caminar, sin obstáculos, apreciándose igualmente en el reportaje fotográfico el distinto color existente que advierte entre el escalón lateral a todo lo largo en color gris, mientras que el resto de las losas son de color rojizo, de tal forma que no resultan admisibles las alegaciones de la parte apelante, toda vez que el defecto invocado resultaba salvable con una mínima diligencia, dado lo razonado».

Por lo tanto, considerando que el escalón estaba pintado de un color diferente para advertir a los viandantes y que no se presentaron pruebas concluyentes que demuestren la falta de visibilidad del mismo, la reclamación carece de fundamento suficiente. La sentencia del tribunal de instancia, que desestimó la reclamación, se ajusta a derecho y debe ser confirmada, desestimando el recurso de apelación interpuesto.

Caso práctico: | ¿Tiene responsabilidad la Administración por una caída en un concierto organizado en una explanada?

PLANTEAMIENTO

Una mujer asistió a un concierto gratuito organizado por el ayuntamiento en la explanada del auditorio de su localidad. El evento se celebraba de noche y la zona estaba poco iluminada. La explanada y la calle adyacente estaban separadas por un bordillo, el cual no estaba debidamente señalizado. Durante el evento, tropezó con el bordillo y cayó, sufriendo lesiones considerables. ¿Puede reclamar la responsabilidad patrimonial a la Administración por las lesiones producidas por la caída?

RESPUESTA

En un supuesto similar la **sentencia del Tribunal Superior de Justicia de Murcia n.º 58/2024, de 9 de febrero, ECLI:ES:TSJMU:2024:245**, reconoce la responsabilidad patrimonial de la Administración, si bien la limita al entender que la perjudicada asumió un riesgo.

A la hora de apreciar la responsabilidad, la citada sentencia valora los siguientes hechos:

- Organización del evento: el ayuntamiento organizó un evento en una zona que no estaba adecuadamente preparada para tal afluencia de público. La explanada y la calle, aunque separadas por un bordillo, se utilizaron como un espacio común sin la debida señalización de los desniveles existentes.

- Falta de señalización: la falta de señalización del bordillo, que en condiciones normales es observable, se convirtió en un obstáculo imprevisible e insalvable durante el evento nocturno. La aglomeración de personas y la escasa iluminación contribuyeron a que el bordillo no fuera visible, lo que propició la caída.

Destaca el tribunal que aunque en una situación normal el terreno cumpla con todos los requisitos en una situación normal de uso, hay que tener en cuenta el momento concreto en el que se producen los hechos: «(...) no debe analizarse la zona en la que se produjo la caída de forma aislada, esto es, en situación normal de uso, sino que, en el ámbito de la responsabilidad patrimonial de la Administración por caída, deben ser analizadas todas y cada una de las circunstancias concurrentes en el momento exacto de la caída. Sólo así puede ser calificado un desnivel como obstáculo imprevisible e insalvable, incluso para un peatón que deambule con cuidado y diligencia y sólo así puede calificarse un daño como antijurídico (que no existe el deber de soportar). En este caso, aún cuando la vía pública cumplía con la normativa constructiva e incluso **aún cuando el estado de conservación de la explanada superaba los estándares medios**, no puede obviarse que no se adoptaron las medidas de seguridad necesarias para que los asistentes pudieran deambular por el lugar sin riesgo de caída. Debió el Ayuntamiento -como es habitual en los conciertos- señalizar la zona advirtiendo los escalones o desniveles existentes entre la zona de la explanada y las restantes zonas; esta señalización podía hacerse mediante la colocación de barandillas, señales de aviso de desnivel o con rampas de transición».

Sin embargo, la sala considera que, si bien el Ayuntamiento no adoptó las medidas de seguridad necesarias, como la colocación de barandillas, señales de aviso de desnivel o rampas de transición, para que los asistentes pudieran deambular sin riesgo de caída, la víctima, al asistir voluntariamente a un evento multitudinario y desplazarse por la zona en la oscuridad, asumió un riesgo y debió extremar las precauciones. La zona era conocida por los vecinos y la iluminación era escasa, lo que exigía mayor atención por parte de los asistentes.

La sentencia concluye que existe una **concurrencia de culpas** en la producción del resultado lesivo. Por un lado, el Ayuntamiento no adoptó las medidas de seguridad necesarias para evitar el accidente. Por otro lado, la perjudicada asumió un riesgo al desplazarse por la zona en condiciones de poca visibilidad y alta afluencia de público. En consecuencia, se fija un porcentaje de culpa del 50 % para cada parte.

Caso práctico | ¿Puedo pedir indemnización si me caigo en una acera dentro de un centro penitenciario durante una visita?

PLANTEAMIENTO

La recurrente sufrió una caída en un centro penitenciario mientras terminaba una visita familiar a su marido, quien estaba en prisión preventiva. La reclamante solicitó a la Administración una indemnización alegando que la caída se produjo a causa de la mala pavimentación del lugar. ¿Puede prosperar su reclamación?

RESPUESTA

La reclamación podría prosperar siempre y cuando se cumplan todos los requisitos establecidos legal y jurisprudencialmente para el nacimiento de la responsabilidad de la Administración.

A modo de ejemplo, podemos citar aquí la **sentencia del Tribunal Superior de Justicia de Madrid n.º 938/2023, de 16 de noviembre, ECLI:ES:TSJM:2023:12994**, que enumera los requisitos de la responsabilidad patrimonial de la Administración en los siguientes términos:

> «(...) para apreciar la existencia de responsabilidad patrimonial de la Administración son precisos los siguientes requisitos:
> a) La efectiva realidad del daño o perjuicio, evaluable económicamente e individualizado en relación con una persona o grupo de personas.
> b) Que el daño o lesión patrimonial sufrida por el reclamante sea consecuencia del funcionamiento normal o anormal -es indiferente la calificación- de los servicios públicos, en una relación directa e inmediata y exclusiva de causa a efecto, sin intervención de elementos extraños que pudieran influir, alterando el nexo causal.
> c) Ausencia de fuerza mayor.
> d) Que el reclamante no tenga el deber jurídico de soportar el daño causado».

Resulta fundamental que exista una relación de causalidad entre el daño y la actuación de la Administración. Precisamente por la falta de prueba de esta causalidad, la **sentencia de la Audiencia Nacional, rec. 50/2022, de 28 de febrero, ECLI:ES:AN:2024:884**, desestima el recurso presentado por la perjudicada ante la denegación de la indemnización solicitada tras una caída en un centro penitenciario.

En el caso concreto analizado en la sentencia la recurrente alegó que la caída fue causada por una zona mal pavimentada y de escasa calidad. Por su parte la Administración desestima la reclamación basándose en la falta de prueba sobre la relación causal entre el daño y una acción u omisión del servicio público. La Administración argumentó que no había irregularidades en el pavimento y que la caída se debió a que la recurrente estaba mirando a su hijo en lugar de prestar atención al suelo. Basándose en informes de funcionarios y en fotografías del lugar, la Administración sostuvo que la caída se debió a que la recurrente cruzó una zona ajardinada y tropezó con un alambre mientras miraba a su hijo.

La Audiencia Nacional señala que, para determinar la responsabilidad patrimonial de la Administración, es necesario establecer un nexo causal entre el daño y una acción u omisión del servicio público, conforme a lo dispuesto en el apartado 2 del artículo 106 de la Constitución española y la Ley 40/2015, de 1 de octubre, de Régimen Jurídico del Sector Público.

La carga de la prueba recae sobre la parte que alega el hecho, según el artículo 217 de la Ley de Enjuiciamiento Civil. En este caso, la recurrente debía probar la existencia de irregularidades en el pavimento y su relación causal con la caída.

La sala concluyó que no existía prueba suficiente de irregularidades en el pavimento que pudieran haber causado la caída. Los informes de los funcionarios y las declaraciones de testigos indirectos indicaron que la caída se produjo al tropezar con un alambre en una zona ajardinada, mientras la recurrente miraba a su hijo. Además, las fotografías del lugar no mostraron defectos en el pavimento.

Por lo tanto, se desestimó el recurso por falta de prueba sobre la relación causal entre el daño y la actuación del servicio público.

Caso práctico | Solicitar subsidiariamente ante el juzgado que se aplique el baremo con un factor de corrección, ¿supone una desviación procesal?

PLANTEAMIENTO

El 10 de marzo de 2022, el señor Francisco sufrió una caída en la vía pública debido a un bache no señalizado en la acera. Como consecuencia de la caída, sufrió diversas lesiones en la pierna y el brazo derecho, lo que le obligó a recibir atención médica y a estar de baja laboral durante dos meses.

Francisco presentó una reclamación de responsabilidad patrimonial ante el ayuntamiento solicitando una indemnización de 5.000 euros por los daños y perjuicios sufridos. En su reclamación administrativa argumentó que el bache no estaba señalizado y que la Administración tenía la obligación de mantener las vías públicas en buen estado. Esta reclamación fue desestimada.

Es por ello que Francisco decidió interponer un recurso contencioso-administrativo. En su escrito de demanda mantuvo su pretensión principal de ser indemnizado con 5.000 euros, pero añadió una pretensión subsidiaria solicitando que, en caso de no ser estimada la pretensión principal, se le aplicara el baremo con el correspondiente factor de corrección.

La Administración alega que en la demanda se produce una desviación procesal al ser la petición diferente a la presentada en la vía administrativa.

¿La solicitud subsidiaria de aplicación del baremo puede considerarse una desviación procesal?

RESPUESTA

No, ya que la pretensión inicial es idéntica a la formulada en la vía administrativa no siendo posible entender que la petición subsidiaria constituya una cuestión nueva, sino que se trata de una simple modificación cuantitativa de la indemnización solicitada. En un caso similar se ha pronuncia la **SJCA de Melilla n.º 47/2023, de 7 de agosto, ECLI:ES:JCA:2023:5487**, y con base en la jurisprudencia del Tribunal Supremo señala:

> «En el presente caso, sin embargo, se concluye que no estamos ante un supuesto de desviación procesal.
>
> Se basa la Administración demandada en que el recurrente, en su escrito de interposición del recurso contencioso-administrativo, no está pidiendo lo mismo que pidiera en vía administrativa, al haber añadido una pretensión subsidiaria en la que pretende que se le aplique un factor de corrección. Ahora bien: a) se trata de su pretensión subsidiaria, que no la principal, que es idéntica a la que dirigió a la Administración, esto es, que se le indemnice con 5.786,68 euros; b) de apreciar la subsidiaria, ello supondría una mera modificación del importe de la indemnización, y como tiene dicho reiteradamente el Tribunal Supremo, «la concreción del quantum indemnizatorio en vía contenciosa no

supone desviación procesal» (SATS 13 mayo 2020), y que «no se incurre en desviación procesal cuando la parte pretende en su demanda un pronunciamiento que acoja o estime las consecuencias o efectos jurídicos que se incluyeron en la reclamación administrativa y que derivan de la misma causa de pedir, aunque tales consecuencias o efectos hayan disminuido o aumentado cuantitativamente por razón del tiempo que transcurrió entre la fecha de la reclamación y la fecha en que es presentada la demanda» (STS 11 diciembre 2019), y más específicamente se aclara en materia de responsabilidad patrimonial que «reclamada una indemnización en vía administrativa en evaluación de responsabilidad patrimonial, puede ésta modificarse en su cuantía en vía judicial en cuanto responda a los mismos hechos y causa de pedir, sin incurrir por ello en desviación procesal» (STS 28 enero 2021)».

Caso práctico | ¿Cómo debo computar los días de recuperación por una caída en la vía pública cuando previamente se está de baja laboral?

PLANTEAMIENTO

Una trabajadora que se encontraba en situación de baja laboral por una enfermedad común, sufrió una caída en la vía pública. La caída le produjo una fractura desplazada de huesos propios nasales y fractura de tabique nasal, entre otras lesiones. Debido a la gravedad de las lesiones, necesitó un período de recuperación adicional.

En este caso, ¿cómo deben computarse los días que se requieren para la recuperación?

RESPUESTA

Para responder a esta cuestión tomaremos como referencia la **STSJ de Galicia n.º 33/2020, de 28 de octubre, ECLI:ES:TSJGAL:2020:6118**, en la cual se presenta un caso similar al planteado.

En el caso concreto de la sentencia referenciada la perjudicada solicitaba como días de recuperación 207 días que se correspondían con los días de baja laboral tras la caída en la vía pública. Sin embargo, el juzgado en primera instancia únicamente reconoció 119 días para la estabilización de la lesión, siendo 60 días impeditivos y el resto no impeditivos.

La sentencia de primera instancia se basaba en el informe de la aseguradora que fijaba como día de estabilización a un informe del médico en el que pauta revisión en uno o dos meses no constando más seguimiento de la lesión.

Sin embargo, el TSJ de Galicia señala que **deben indemnizarse los 207 que reclama la perjudicada**, razonando lo siguiente:

> «(...) Expuesto lo anterior no puede obviarse que, aunque la recurrente, como reconoce dicha parte, estaba de baja cuando tuvo lugar el accidente, el alta laboral de la misma se produjo en fecha 27 de junio de 2.016, como refiere el parte de MUFACE aportado por la recurrente. En ese parte se refiere expresamente como causa de la baja el traumatismo nasal. Por ello se considera que deben indemnizarse los 207 días reclamados, contados desde el accidente hasta que se produjo el alta».

Una vez delimitado el tiempo que debe estimarse que fue necesario para la estabilización de la lesión **deben fijarse qué días son impeditivos y cuáles no**. Señala a este respecto la sentencia referenciada:

> «En cuanto a si se tratan todos ellos o no de días impeditivos, debe recordarse que la Jurisprudencia ha venido precisando que **no todo día de baja laboral es un día impeditivo**, ya que estos días se definen como aquellos en los que la persona está incapacitada para realizar cualquier actividad de su vida diaria

no solamente la actividad laboral. En este caso la parte recurrente considera los 207 días como impeditivos, con base únicamente en el parte laboral de alta, sin especificar ni acreditar nada más al respecto. Como ya se ha expuesto no deben confundirse esos conceptos. En este caso, resulta más ajustado lo contenido en el Informe pericial aportado por la entidad aseguradora, que concluye que los días impeditivos, es decir, aquellos en los que **la recurrente estuvo incapacitada para la realización de cualquier actividad de su vida, son 60, siendo 147 días no impeditivos, considerando la fecha de alta como la de estabilización lesional**».

En conclusión, debemos entender que **para el cómputo de los días indemnizables el** *dies a quo* **es el de la caída, esto es, en el momento en que se produce la lesión con independencia de que la parte perjudicada ya se encontrara de baja laboral en el momento del accidente.**

Caso práctico | Si una persona sufre una caída por unas obras que ejecuta una empresa en la vía pública, ¿quién es el responsable de las lesiones?

PLANTEAMIENTO

En una acera se están ejecutando unas obras, para lo que fue necesario levantar algunas baldosas. Una de estas baldosas quedó mal colocada sin que se señalizase el peligro y sin que se pudiera apreciar a simple vista. Un viandante tropieza en dicha baldosa y sufre unas lesiones por lo que decide reclamar la indemnización. En el momento en el que va a reclamar se le presenta una duda: considerando que la obra la ejecuta una empresa contratada por el ayuntamiento, ¿a quién debe reclamar al ayuntamiento o a la empresa?

RESPUESTA

Para dar una respuesta a esta cuestión debemos tener presente lo establecido en el art. 196 de la Ley de Contratos del Sector Público en el que se establece:

«1. Será obligación del contratista indemnizar todos los daños y perjuicios que se causen a terceros como consecuencia de las operaciones que requiera la ejecución del contrato.

2. Cuando tales daños y perjuicios hayan sido ocasionados como consecuencia inmediata y directa de una orden de la Administración, será esta responsable dentro de los límites señalados en las leyes. También será la Administración responsable de los daños que se causen a terceros como consecuencia de los vicios del proyecto en el contrato de obras, sin perjuicio de la posibilidad de repetir contra el redactor del proyecto de acuerdo con lo establecido en el artículo 315, o en el contrato de suministro de fabricación.

3. Los terceros podrán requerir previamente, dentro del año siguiente a la producción del hecho, al órgano de contratación para que este, oído el contratista, informe sobre a cuál de las partes contratantes corresponde la responsabilidad de los daños. El ejercicio de esta facultad interrumpe el plazo de prescripción de la acción.

4. La reclamación de aquellos se formulará, en todo caso, conforme al procedimiento establecido en la legislación aplicable a cada supuesto».

Este precepto determina que, **con carácter general**, en los supuestos de concurrencia de la Administración con contratistas o concesionarios, **la responsabilidad corresponderá a estos** últimos. Tan solo cabría la responsabilidad de la Administración cuando el daño se haya causado como consecuencia de vicios en el proyecto o por una orden de la Administración.

El apartado tercero señala que el perjudicado podrá requerir al órgano **de contratación para que informe sobre cuál de las partes contratantes es la responsable** de los daños. Señala con relación a esta información, la **SJCA de Vigo n.º 194/2023, de**

1 de septiembre, ECLI:ES:JCA:2023:5277, que en caso de que la **Administración no indique al perjudicado a quien le corresponde la responsabilidad será motivo suficiente para atribuírsela a la Administración:**

> «En aplicación de tal precepto, la jurisprudencia ha venido considerando que en aquellos casos en que la Administración se limita a declinar su responsabilidad en los hechos, sin indicar al perjudicado a cuál de las partes contratantes corresponde responder por los daños causados, esta omisión por parte de la Administración constituye motivo suficiente para atribuir la responsabilidad por daños a la propia Administración, sin que pueda verse exonerada por la aplicación del párrafo primero del precepto, que con carácter general atribuye la obligación de indemnizar a la empresa contratista; pero por el contrario si la Administración dicta, previa audiencia de la empresa concesionaria o contratista, resolución imputándole expresamente la responsabilidad a dicha empresa, dicha resolución resulta amparada por la Ley de Contratos del Sector Público, y es susceptible de recurso en esta vía contencioso-administrativa, tanto por el perjudicado, como por la empresa contratista».

ANEXO II.
FORMULARIOS

Escrito de reclamación patrimonial de la Administración por funcionamiento de los servicios públicos: caída en vía pública

AL ALCALDE DE [AYUNTAMIENTO] (1)

Yo, **don/doña** [NOMBRE_APELLIDOS], mayor de edad, con DNI [NÚMERO], y domicilio a efectos de notificaciones en la C/[CALLE], n.º [NÚMERO], de [LOCALIDAD],

EXPONGO

En virtud de lo previsto en los artículos 32 y siguientes de la Ley 40/2015, de 1 de octubre, de Régimen Jurídico del Sector Público, presento **RECLAMACIÓN ADMINISTRATIVA POR RESPONSABILIDAD PATRIMONIAL DE LAS ADMINISTRACIONES PÚBLICAS**, en base a los siguientes:

ANTECEDENTES DE HECHO

PRIMERO.- El motivo de mi reclamación se encuentra en el hecho de que el [FECHA], mientras paseaba por [NOMBRE_CALLE], sufrí una caída debido a [DESCRIPCIÓN_MOTIVO] (2).

A modo de prueba se adjuntan como **documento n.º** [NÚMERO], fotografías de la calle (3).

SEGUNDO.- Del hecho anterior, esto es, de mi caída, fue testigo presencial don/doña [NOMBRE_APELLIDOS], con DNI [NÚMERO], y domicilio en la C/[CALLE], n.º NÚMERO], de [LOCALIDAD], que en ese momento se encontraba en la zona (4).

TERCERO.- Después de llamar a una ambulancia, fui asistido por el Servicio de Urgencias del Hospital [NOMBRE], presentando las siguientes lesiones:

- [DESCRIPCIÓN]
- [DESCRIPCIÓN]
- [DESCRIPCIÓN]

Se acompaña como **documento n.º** [NÚMERO], copia del informe de alta de urgencias.

Desde el día [FECHA], hizo seguimiento de las lesiones antes señaladas el/la doctor/a [NOMBRE], emitiendo informe de alta definitiva en [FECHA], tal y como se puede comprobar en los **documentos n.º** [NÚMERO] y **n.º** [NÚMERO] que se adjuntan.

CUARTO.- De todo lo anterior resulta que, a consecuencia de la caída, sufrí unos daños consistentes en [DESCRIPCIÓN], de los que tardé en curar [NÚMERO] días. De acuerdo con el baremo de valoración de lesiones y secuelas en accidentes de circulación vigente a la fecha, entiendo que la indemnización ascendería a un total de [CANTIDAD] euros (5).

QUINTO.- En cuanto a la relación de causalidad entre las lesiones producidas y el funcionamiento del servicio público, cabe decir que, siendo el [ESPECIFICAR ÓRGANO COMPETENTE] el titular de la vía donde se produjo el accidente, es a este a quien corresponde, en atención a la legislación sobre [ESPECIFICAR], su mantenimiento y cuidado, así como la eventual señalización del peligro que tal infraestructura pudiese producir por su mal estado de conservación.

SEXTO.- Tomando como base lo señalado en el punto cuarto, la valoración del daño causado a mi persona es la siguiente: [NÚMERO] EUROS.

A los hechos anteriores resultan de aplicación los siguientes,

FUNDAMENTOS DE DERECHO

El **artículo 106.2 de la CE** proclama la responsabilidad patrimonial de la Administración: «Los particulares, en los términos establecidos por la ley, tendrán derecho a ser indemnizados por toda lesión que sufran en cualquiera de sus bienes o derechos, salvo en los casos de fuerza mayor, siempre que la lesión sea consecuencia del funcionamiento de los servicios públicos».

Este derecho constitucionalmente reconocido se regula actualmente en el párrafo primero del **art. 32.1 de la Ley 40/2015, de 1 de octubre, de Régimen Jurídico del Sector Público**, de manera que: «Los particulares tendrán **derecho a ser indemnizados por las Administraciones Públicas correspondientes, de toda lesión** que sufran en cualquiera de sus bienes y derechos, siempre que la lesión sea **consecuencia del funcionamiento normal o anormal de los servicios públicos** salvo en los casos de fuerza mayor o de daños que el particular tenga el deber jurídico de soportar de acuerdo con la Ley»; y exige, para su efectividad, la concurrencia de los siguientes requisitos:

- La existencia de un daño efectivo, evaluable económicamente e individualizado en relación a una persona o grupo de personas.

- El daño ha de ser antijurídico, en el sentido de que la persona que lo sufre no tenga el deber jurídico de soportarlo de acuerdo con la ley.

- La relación de causalidad entre la actividad administrativa y el resultado dañoso. En definitiva, el daño debe ser consecuencia del funcionamiento normal o anormal de un servicio público o actividad administrativa.

- Ausencia de fuerza mayor, como causa extraña a la organización y distinta del caso fortuito, supuesto éste que sí impone la obligación de indemnizar.

Es decir, la **viabilidad de la acción de responsabilidad patrimonial de la Administración** requiere, tal y como dispone el Tribunal Supremo en su **sentencia, rec. 120/2007, de 3 de mayo de 2011, ECLI: ES:TS:2011:2587, sentencia del Tribunal Supremo n.º 1177/2016, de 25 de mayo, ECLI:ES:TS:2016:2289, o STS n.º 786/2023, de 13 de junio, ECLI:ES:TS:2023:2842**:

- La efectiva realidad del daño o perjuicio, evaluable económicamente e individualizado en relación a una persona o grupo de personas.

- Que el daño o lesión patrimonial sufrida por el reclamante sea consecuencia del funcionamiento normal o anormal –es indiferente la calificación– de los servicios públicos en una relación directa e inmediata y exclusiva de causa a efecto, sin intervención de elementos extraños que pudieran influir, alterando, el nexo causal.

- Ausencia de fuerza mayor.

- Que el reclamante no tenga el deber jurídico de soportar el daño cabalmente causado por su propia conducta.

En este caso se reúnen todos los elementos constitutivos de la responsabilidad patrimonial, que tal y como se recoge en la **STSX de Galicia n.º 634/2023, de 19 de** julio, **ECLI:ES:TSJGAL:2023:5300**, o **STSJ de Asturias n.º 558/2022, de 23 de junio, ECLI:ES:TSJAS:2022:2058** serían:

- Una lesión patrimonial equivalente a daño o perjuicio (en la doble modalidad de lucro cesante o daño emergente).

- Daño antijurídico que no hay obligación de soportar: la lesión se define como daño ilegítimo.

- Relación de causalidad: debe existir un vínculo entre la lesión (acto dañoso) y el agente que la produce (Administración pública).

- La lesión debe ser real y efectiva.

En lo referente a la **relación de causalidad, el Tribunal Supremo en su sentencia, rec. 271/2002, de 29 de marzo de 2006, ECLI:ES:TS:2006:1786**, se ha pronunciado del siguiente modo:

> «a) Entre las diversas concepciones con arreglo a las cuales la causalidad puede concebirse, se imponen aquellas que explican el daño por la concurrencia objetiva de factores cuya inexistencia, en hipótesis, hubiera evitado aquél.
> b) No son admisibles, en consecuencia, otras perspectivas tendentes a asociar el nexo de causalidad con el factor eficiente, preponderante, socialmente adecuado o exclusivo para producir el resultado dañoso, puesto que -válidas como son en otros terrenos- irían en éste en contra del carácter objetivo de la responsabilidad patrimonial de las Administraciones Públicas.
> c) La consideración de hechos que puedan determinar la ruptura del nexo de causalidad, a su vez, debe reservarse para aquellos que comportan fuerza mayor -única circunstancia admitida por la ley con efecto excluyente-, a los cuales importa añadir la intencionalidad de la víctima en la producción o el padecimiento del daño, o la gravísima negligencia de ésta, siempre que estas circunstancias hayan sido determinantes de la existencia de la lesión y de la consiguiente obligación de soportarla.
> d) Finalmente, el carácter objetivo de la responsabilidad impone que la prueba de la concurrencia de acontecimientos de fuerza mayor o circunstancias demostrativas de la existencia de dolo o negligencia de la víctima suficiente para considerar roto el nexo de causalidad corresponda a la Administración, pues no sería objetiva aquella responsabilidad que exigiese demostrar que la Administración que causó el daño procedió con negligencia, ni aquella cuyo reconocimiento estuviera condicionado a probar que quien padeció el perjuicio actuó con prudencia».

Asimismo, debe ser una causalidad adecuada. En este sentido, traemos a colación, la **sentencia del Tribunal Supremo, rec. 100/1993, de 5 de diciembre de 1995, ECLI:ES:TS:1995:6155** dispone lo siguiente:

> «(...) Esta **causa adecuada o causa eficiente** exige un presupuesto, una "conditio sine qua non" esto es, un acto o un hecho sin el cual es inconcebible que otro hecho o evento se considere consecuencia o efecto del primero. Ahora bien, esta condición, por sí sola, no basta para definir la causalidad adecuada. Es necesario además que resulte normalmente idónea para determinar aquel evento, o resultado teniendo en consideración todas las circunstancias del caso; esto es, que exista una adecuación objetiva entre acto y evento, lo que se ha llamado la verosimilitud del nexo; solo cuando sea así, dicha condición alcanza la categoría de causa adecuada, causa eficiente o causa próxima y verdadera del daño (in iure non remota causa, sed proxima spectatur). De esta forma quedan excluidos tanto los actos indiferentes como los inadecuados o inidóneos y los absolutamente extraordinarios».

Partiendo de lo anteriormente expuesto, no hay duda alguna de que existe una **relación de causa-efecto entre la actividad administrativa y el resultado dañoso**, puesto que la calle donde se produjo mi **caída es una vía pública que obliga al ayuntamiento, como titular de ese dominio público, a repararla o a impedir el paso por la misma.** Dada la escasa iluminación de la zona el obstáculo no era visible ni fácilmente evitable, por lo que debería encontrarse debidamente señalizado. A este respecto cabe recordar que es obligación de la Administración el mantener en buen estado de conservación todos los elementos que integran el sistema viario, según el **artículo 25 apartado 2 de la Ley 7/1985, de 2 de abril, Reguladora de las Bases del Régimen Local (6).**

Cabe destacar lo dispuesto en la **sentencia del Tribunal Superior de Justicia de Asturias n.º 670/2023, de 16 de junio, ECLI:ES:TSJAS:2023:1510,** que establece que:

> «El art. 25.2 b) y d) de la LBRL, en relación con el art. 3.1 del Reglamento de Bienes de las Entidades Locales, imponen la **obligación de conservación de las vías y calles del casco urbano, a la Administración Municipal.** No obstante, lo primero que incumbe al actor es acreditar ese nexo causal entre la deficiente conservación de la vía, de forma que supere el estándar de seguridad exigible a la Administración en el cumplimiento de sus obligaciones, y las lesiones. La Sentencia de esta misma Sala, del pasado 26 de octubre de 2020, afirma: " Así pues, en el campo que nos ocupa, de pavimentación y conservación de vías públicas, el estándar exigible dependerá de la naturaleza de la vía (ubicación, anchura y pendiente, condiciones de calidades de la zona, condiciones del proyecto original de urbanización, etcétera), su uso (mayor exigencia en calles céntricas, zonas de usuarios públicos por proximidad de centros sanitarios o escolares, bibliotecas, mercados, etcétera) y de la entidad del desperfecto u obstáculo determinante del daño (profundidad, extensión, sobresaliente, perfil, etcétera), no generando responsabilidad los que sean insignificantes ni los de difícil evitación.
>
> En esta línea, y en relación a las irregularidades del viario, hemos manifestado en numerosas sentencias que no existe relación de causalidad idónea cuando se trata de pequeños agujeros, separación entre baldosas, resaltes mínimos por instalación de tapas de alcantarillas o bases de los marmolillos, los cuales o son inocuos o son sorteables con la mínima diligencia y atención que es exigible para deambular por la vía pública a los peatones y al estándar de eficacia que es exigible a los servicios públicos municipales pues, en otro caso, se llegaría a la exigencia de un estándar de eficacia que excedería de los que comúnmente se reputan obligatorios en la actualidad para las Administraciones Públicas. En cambio, **cuando se trata de un bache, socavón, adoquín sobresaliente, farolas truncadas por la base, ostensible desnivelación de rejillas, material suelto persistente en el tiempo, u otro elemento de mobiliario urbano que por su dimensión o ubicación representa un riesgo objetivo, difícilmente salvable o peligroso, hemos declarado la responsabilidad de la Administración,** pero sin perder de vista la posible concurrencia de culpas si existen elementos de juicio para fundar una distracción o torpeza del peatón"».

En cuanto a la responsabilidad de la Administración conviene también las siguientes sentencias:

1. Sentencia del Tribunal Superior de Justicia de Murcia n.º 250/2024, de 30 de mayo, ECLI:ES:TSJMU:2024:1070:

> «(...)es doctrina jurisprudencial consolidada la que, entiende que la misma es objetiva o de resultado, de manera que lo relevante no es el proceder antijurídico de la Administración, sino la antijuridicidad del resultado o lesión

aunque, como ha declarado igualmente en reiteradísimas ocasiones es imprescindible que exista nexo causal entre el funcionamiento normal o anormal del servicio público y el resultado lesivo o dañoso producido».

2. Sentencia del Tribunal Supremo, rec. 2052/2003, de 25 de septiembre de 2007, ECLI:ES:TS:2007:6042:

«(...) como hemos declarado igualmente en reiteradísimas ocasiones es imprescindible que exista **nexo causal entre el funcionamiento normal o anormal del servicio público y el resultado lesivo o dañoso producido**, cuya concurrencia la Sala de instancia niega en el caso de autos.

Es además jurisprudencia reiteradísima que la apreciación del nexo causal entre la actuación de la Administración y el resultado dañoso producido, o la ruptura del mismo, es una cuestión jurídica revisable en casación, si bien tal apreciación ha de basarse siempre en los hechos declarados probados por la Sala de instancia, salvo que éstos hayan sido correctamente combatidos por haberse infringido normas, jurisprudencia o principios generales del derecho al valorarse las pruebas, o por haberse procedido, al hacer la indicada valoración, de manera ilógica, irracional o arbitraria (...)».

3. Sentencia del Tribunal Supremo, rec. 6998/1995, de 27 de diciembre de 1999, ECLI:ES:TS:1999:8467:

«(...) como en cualquier supuesto de responsabilidad extracontractual, ésta tiene la naturaleza de solidaria, de manera que frente al perjudicado cada obligado responde de la totalidad de la deuda, razón por la que el Ayuntamiento demandado habrá de indemnizar íntegramente al demandante en la cantidad que estimemos adecuada para su plena indemnidad».

En virtud de todo lo expuesto,

SOLICITO:

I.- Que se tenga por presentado este escrito de **RECLAMACIÓN ADMINISTRATIVA**, con los documentos que se señalan y, previos los trámites pertinentes, se dicte resolución por la que se acuerde el reconocimiento de una indemnización de [NÚMERO] euros, por las lesiones causadas a consecuencia de mi caída por la falta de conservación adecuada de la calle.

II.- A efectos de resolver la presente reclamación, que se practiquen las siguientes pruebas:

- TESTIFICAL de: don/doña [NOMBRE], con domicilio en [DOMICILIO] (4).

- DOCUMENTAL, aportada con el presente escrito, consistente en los informes médicos y pruebas médicas acreditativos de la lesión padecida, las imágenes fotográficas aportadas, la declaración de la testigo de la caída.

III.- [ESPECIFICAR].

En [LOCALIDAD], a [DÍA] de [MES] de [AÑO].

[FIRMA_INTERESADO]

---

(1) En materia e infraestructura viaria de la ciudad o población correspondiente, los ayuntamientos tienen competencias propias y responsabilidad en su mantenimiento [art. 25.2.d) de la LBRL]. Al respecto, el artículo 26.1.a) de la LBRL impone a los ayuntamientos la obligación de pavimentar las vías públicas.

Estas mismas competencias y obligaciones son asumidas por las correspondientes consejerías de las ciudades autónomas de Ceuta y Melilla, con arreglo a sus estatutos de autonomía. En estos últimos casos la reclamación se dirigiría a la consejería correspondiente.

(2) Descripción de cómo estaba la calle. Por ejemplo, «por el mal estado de la acera de la calle [CALLE] a la altura de [ESPECIFICAR], que, en ese momento, presentaba una serie de baches y desniveles (...)».

(3) Se adjuntará prueba documental en el formato que disponga para acreditar que el daño sufrido fue originado por [DETERMINAR].

(4) En el caso de haber testigos.

(5) En el caso de contar con informe pericial de valoración del daño conviene aportarlo.

(6) De ser competente un Ayuntamiento.

Demanda de responsabilidad patrimonial contra ayuntamiento por caída en vía pública

AL JUZGADO CONTENCIOSO-ADMINISTRATIVO DE [LOCALIDAD]**/ A LA SALA DE LO CONTENCIOSO-ADMINISTRATIVO DEL TRIBUNAL SUPERIOR DE JUSTICIA DE** [COMUNIDAD_AUTÓNOMA] **(1)**

Don/Doña [NOMBRE_PROCURADOR_CLIENTE], procurador/a de los tribunales de [LOCALIDAD], con n.º de colegiado/a [NÚMERO] actuando en nombre y representación de **don/doña** [NOMBRE_CLIENTE], con DNI n.º [NÚMERO], representación que consta acreditada en autos de referencia, bajo la dirección técnica de **don/doña** [NOMBRE_ABOGADO_CLIENTE], abogado/a con número de colegiado/a n.º [NÚMERO] del Iltre. Colegio de Abogados de [LOCALIDAD], comparezco y como mejor proceda en derecho,

DIGO

Con fecha [FECHA] se interpuso por esta parte escrito de reclamación patrimonial contra el Ayuntamiento de [ESPECIFICAR] por caída en vía pública de mi mandante y tras su desestimación por silencio administrativo, vengo a interponer **DEMANDA DE RECLAMACIÓN PATRIMONIAL** contra dicho Ayuntamiento, de acuerdo con el **artículo 52 de la Ley de la Jurisdicción Contenciosa Administrativa (2)**, reclamando la cantidad de [ESPECIFICAR] por los daños ocasionados como consecuencia de la caída sufrida el [FECHA] en la calle [ESPECIFICAR], debido a [ESPECIFICAR], de acuerdo con los siguientes,

HECHOS

PRIMERO.- [ESPECIFICAR CÓMO SE PRODUJO LA CAÍDA EN LA VÍA PÚBLICA, DEBIDO A QUE SE PRODUJO ESA CAÍDA, SI TUVO QUE ACUDIR LA AMBULANCIA, ETC.]

SEGUNDO.- Con fecha [FECHA] se presenta por esta parte la oportuna reclamación de responsabilidad patrimonial, ante el Ayuntamiento de [LUGAR], solicitando una indemnización de los daños sufridos por mi mandante, adjuntado los informes médicos correspondientes, partes de baja laboral, y los siguientes informes acreditativos de cómo se produjeron los hechos [ESPECIFICAR] que adjuntamos como **documentos n.º** [NÚMERO], **n.º** [NÚMERO] y [NÚMERO].

La indemnización reclamada estima la valoración de los daños sufridos por mi mandante en la cantidad de [CANTIDAD] euros, tras haber estado de baja laboral [ESPECIFICAR] y sufrir las siguientes secuelas [ESPECIFICAR].

Se acompaña como **documento n.º** [NÚMERO] informe pericial de valoración del daño realizado por [ESPECIFICAR].

TERCERO.- Tras ser desestimada nuestra reclamación por silencio administrativo del Ayuntamiento, de acuerdo con el **artículo 24 de la Ley 39/2015, de 1 de octubre**, venimos a interponer la presente **DEMANDA DE RESPONSABILIDAD PATRIMONIAL** de acuerdo con el **artículo 52** y siguientes de la **Ley de la Jurisdicción Contenciosa Administrativa**, en base a los siguientes,

FUNDAMENTOS DE DERECHO

I.- JURISDICCIÓN Y COMPETENCIA

El **artículo 1 de la Ley 29/1998, de 13 de julio, reguladora de la Jurisdicción Contencioso-Administrativa** indica que los juzgados y tribunales del orden contencioso-administrativo conocerán de las pretensiones que se deduzcan en relación con la actuación de las Administraciones públicas sujetas a Derecho Administrativo. Por su parte, corresponde el conocimiento de la presente pretensión al órgano al que me dirijo de conformidad con el **artículo 8 de la LJCA (1)**.

II.- CAPACIDAD PROCESAL Y LEGITIMACIÓN

El **artículo 19 de la Ley 29/1998, de 13 de julio, reguladora de la Jurisdicción Contencioso-Administrativa (3)** legitima activamente ante esa jurisdicción a las personas que ostenten un interés legítimo y el **artículo 21.1.a), también de la Ley 29/1998, de 13 de julio, reguladora de la Jurisdicción Contencioso-Administrativa**, atribuye legitimación pasiva a la Administración demandada.

III.- POSTULACIÓN

Por lo que respecta a la postulación, esta parte se encuentra representada por procurador/a y asistida técnicamente por letrado/a de conformidad con lo establecido en el **artículo 23 de la Ley 29/1998, de 13 de julio, reguladora de la Jurisdicción Contencioso-Administrativa (4)**.

IV.- PROCEDIMIENTO

La demanda se tramitará por los cauces del procedimiento [ORDINARIO/ABREVIA-DO] de conformidad con el **artículo 78 de la LJCA (5)**.

V.- FONDO DEL ASUNTO

El **artículo 106 apartado 2 de la CE** proclama la responsabilidad patrimonial de la Administración:

> «Los particulares, en los términos establecidos por la ley, tendrán derecho a ser indemnizados por toda lesión que sufran en cualquiera de sus bienes o derechos, salvo en los casos de fuerza mayor, siempre que la lesión sea consecuencia del funcionamiento de los servicios públicos».

En el mismo sentido el **artículo 32 apartado 1 de la Ley 40/2015, de 1 de octubre**, que en su párrafo primero dispone que:

> «Los particulares tendrán derecho a ser indemnizados por las Administraciones Públicas correspondientes, de toda lesión que sufran en cualquiera de sus bienes y derechos, siempre que la lesión sea consecuencia del funcionamiento normal o anormal de los servicios públicos salvo en los casos de fuerza mayor o de daños que el particular tenga el deber jurídico de soportar de acuerdo con la Ley».

Se dan en el presente caso los elementos para poder hablar de responsabilidad patrimonial regulados en el **artículo 32 de la Ley 40/2015, de 1 de octubre** y objeto de interpretación por la jurisprudencia exigiendo los siguientes requisitos:

- Acción u omisión producida en el desarrollo de una actividad cuya titularidad corresponde a un ente público.
- Lesión o daño que el perjudicado no tenga el deber de soportar.
- Nexo de causalidad entre la conducta y el resultado lesivo.

Es decir, la viabilidad de la acción de responsabilidad patrimonial de la Administración requiere, tal y como dispone la **STS, rec. 120/2007, de 03 de mayo de 2011, ECLI:ES:TS:2011:2587**, reproducida posteriormente en numerosas ocasiones, como por ejemplo en la **STS n.º 786/2023, de 13 de junio, ECLI:ES:TS:2023:2842**:

- La efectiva realidad del daño o perjuicio, evaluable económicamente e individualizado en relación a una persona o grupo de personas.

- Que el daño o lesión patrimonial sufrida por el reclamante sea consecuencia del funcionamiento normal o anormal —es indiferente la calificación— de los servicios públicos en una relación directa e inmediata y exclusiva de causa a efecto, sin intervención de elementos extraños que pudieran influir, alterando, el nexo causal.

- Ausencia de fuerza mayor.

- Que el reclamante no tenga el deber jurídico de soportar el daño cabalmente causado por su propia conducta.

Partiendo de lo anteriormente expuesto, ciertamente existe una relación de causa efecto entre la actividad administrativa y el resultado dañoso, puesto que [ESPECIFICAR].

En relación con la relación de causalidad el **Tribunal Supremo en su sentencia, rec. 1985/1994, de 19 de junio de 1998, ECLI:ES:TS:1998:4087**, o la **Audiencia Nacional en su sentencia, rec. 1362/2020, de 16 de noviembre de 2023, ECLI:ES:AN:2023:5479** se han pronunciado del siguiente modo:

- Que entre las diversas concepciones con arreglo a las cuales la causalidad puede concebirse, se imponen aquellas que explican el daño por la concurrencia objetiva de factores cuya inexistencia, en hipótesis, hubiera evitado aquél.

- No son admisibles, en consecuencia, otras perspectivas tendentes a asociar el nexo de causalidad con el factor eficiente, preponderante, socialmente adecuado o exclusivo para producir el resultado dañoso, puesto que, válidas como son en otros terrenos, irían en éste en contra del carácter objetivo de la responsabilidad patrimonial de las Administraciones públicas.

- La consideración de hechos que puedan determinar la ruptura del nexo de causalidad, a su vez, debe reservarse para aquéllos que comportan fuerza mayor, única circunstancia admitida por la ley con efecto excluyente, a los cuales importa añadir la intencionalidad de la víctima en la producción o el padecimiento del daño, o la gravísima negligencia de esta, siempre que estas circunstancias hayan sido determinantes de la existencia de la lesión y de la consiguiente obligación de soportarla.

- El carácter objetivo de la responsabilidad impone la prueba de la concurrencia de acontecimientos de fuerza mayor o circunstancias demostrativas de la existencia de dolo o negligencia de la víctima, suficiente para considerar roto el nexo de causalidad, pues no sería objetiva aquella responsabilidad que exigiese demostrar que la Administración que causó el daño procedió con negligencia, ni aquella cuyo reconocimiento estuviera condicionado a probar que quien padeció el perjuicio actuó con prudencia.

Asimismo, debe ser una causalidad adecuada, tal y como se recoge en la **sentencia del Tribunal Supremo, rec. 100/1993, de 5 de diciembre de 1995, ECLI:ES:TS:1995:6155**, o más recientemente en la **STSJ de Asturias n.º 1093/2023, de 13 de noviembre, ECLI:ES:TSJAS:2023:2551**, esto es,

> «Esta **causa adecuada o causa eficiente** exige un presupuesto, una "conditio sine qua non" esto es, un acto o un hecho sin el cual es inconcebible que

otro hecho o evento se considere consecuencia o efecto del primero. Ahora bien, esta condición, por sí sola, no basta para definir la causalidad adecuada. Es necesario además que resulte normalmente idónea para determinar aquel evento, o resultado teniendo en consideración todas las circunstancias del caso; esto es, que exista una adecuación objetiva entre acto y evento, lo que se ha llamado la verosimilitud del nexo; solo cuando sea así, dicha condición alcanza la categoría de causa adecuada, causa eficiente o causa próxima y verdadera del daño (in iure non remota causa, sed proxima spectatur). De esta forma quedan excluidos tanto los actos indiferentes como los inadecuados o inidóneos y los absolutamente extraordinarios».

El **Tribunal Superior de Justicia de Murcia, en su sentencia n.º 58/2024, de 9 de febrero, ECLI:ES:TSJMU:2024:245**, reconoce que: «(...) no debe analizarse la zona en la que se produjo la caída de forma aislada, esto es, en situación normal de uso, sino que, en el ámbito de la responsabilidad patrimonial de la Administración por caída, **deben ser analizadas todas y cada una de las circunstancias concurrentes en el momento exacto de la caída**. Sólo así puede ser calificado un desnivel como obstáculo imprevisible e insalvable, incluso para un peatón que deambule con cuidado y diligencia y sólo así puede calificarse un daño como antijurídico (que no existe el deber de soportar). En este caso, aún cuando la vía pública cumplía con la normativa constructiva e incluso aún cuando el estado de conservación de la explanada superaba los estándares medios, no puede obviarse que no se adoptaron las medidas de seguridad necesarias para que los asistentes pudieran deambular por el lugar sin riesgo de caída (...)».

Es interés de esta parte traer a colación las siguientes sentencias:

Sentencia del Tribunal Supremo n.º 469/2018, de 21 de marzo, ECLI:ES:TS: 2018:1082

> «(...) La jurisprudencia de esta Sala (por todas las STS de 1 de julio de 2009, RC 1515/2005 y las allí recogidas) insiste en que 'no todo daño causado por la Administración ha de ser reparado, sino que tendrá la consideración de auténtica lesión resarcible, exclusivamente, aquella que reúna la calificación de antijurídica, en el sentido de que el **particular no tenga el deber jurídico de soportar los daños derivados de la actuación administrativa'**».

Sentencia del Tribunal Supremo, rec. 2052/2003, de 25 de septiembre de 2007, ECLI:ES:TS:2007:6042

> «(...) como hemos declarado igualmente en reiteradísimas ocasiones es imprescindible que exista **nexo causal entre el funcionamiento normal o anormal del servicio público y el resultado lesivo o dañoso producido**, cuya concurrencia la Sala de instancia niega en el caso de autos. Es además jurisprudencia reiteradísima que la apreciación del nexo causal entre la actuación de la Administración y el resultado dañoso producido, o la ruptura del mismo, es una cuestión jurídica revisable en casación, si bien tal apreciación ha de basarse siempre en los hechos declarados probados por la Sala de instancia, salvo que éstos hayan sido correctamente combatidos por haberse infringido normas, jurisprudencia o principios generales del derecho al valorarse las pruebas, o por haberse procedido, al hacer la indicada valoración, de manera ilógica, irracional o arbitraria».

Sentencia del Tribunal Supremo n.º 1704/2023, de 5 de diciembre, ECLI:ES:TS: 2023:5477

> «Insiste la Sentencia de 19 de junio de 2007, rec. casación 10231/2003 con cita de otras muchas que "es doctrina jurisprudencial consolidada la que sos-

tiene la exoneración de responsabilidad para la Administración, a pesar del carácter objetivo de la misma, cuando es la conducta del propio perjudicado o la de un tercero la única determinante del daño producido aunque hubiese sido incorrecto el funcionamiento del servicio público"».

Sentencia del Tribunal Supremo, rec. 6998/1995, de 27 de diciembre de 1999, ECLI: ES:TS:1999:8467

«(...) como en cualquier supuestos de **responsabilidad extracontractual**, ésta tiene la naturaleza de solidaria, de manera que frente al perjudicado cada obligado responde de la totalidad de la deuda, razón por la que el Ayuntamiento demandado habrá de indemnizar íntegramente al demandante en la cantidad que estimemos adecuada para su plena indemnidad».

Sentencia del Tribunal Supremo, rec. 4294/2010, de 13 de marzo de 2012, ECLI:ES:TS:2012:1452

«Conforme a reiterada jurisprudencia (STS de 25 de septiembre de 2007, rec. casación 2052/2003 con cita de otras anteriores) para que prospere **la acción de responsabilidad patrimonial de la administración se exige la antijuridicidad del resultado o lesión** siempre que exista nexo causal entre el funcionamiento normal o anormal del servicio público y el resultado lesivo o dañoso producido.

Y también reitera la jurisprudencia (por todas STS de 11 de mayo de 2010, recurso de casación 5933/2005) que la **apreciación del nexo causal entre la actuación de la Administración y el resultado dañoso**, o la ruptura del mismo, es una cuestión jurídica revisable en casación, si bien tal apreciación ha de basarse siempre en los hechos declarados probados por la Sala de instancia, salvo que éstos hayan sido correctamente combatidos por haberse infringido normas, jurisprudencia o principios generales del derecho al haberse valorado las pruebas, o por haber procedido, al hacer la indicada valoración de manera ilógica, irracional o arbitraria».

Hay que destacar que en este caso nos encontramos ante una caída provocada por un desperfecto en la vía pública que en ningún caso puede considerarse como mínimo ni como socialmente admitido, se trata de un obstáculo difícilmente salvable por mi mandante, lo que implica el nacimiento de la responsabilidad patrimonial de la Administración. En este sentido podemos citar la **sentencia del Tribunal Superior de Justicia de Asturias n.º 670/2023, de 16 de junio, ECLI:ES:TSJAS:2023:1510**, en la que se señala:

«El art. 25.2 b) y d) de la LBRL, en relación con el art. 3.1 del Reglamento de Bienes de las Entidades Locales, imponen la obligación de conservación de las vías y calles del casco urbano, a la Administración Municipal. No obstante, lo primero que incumbe al actor es acreditar ese nexo causal entre la deficiente conservación de la vía, de forma que supere el estándar de seguridad exigible a la Administración en el cumplimiento de sus obligaciones, y las lesiones. La Sentencia de esta misma Sala, del pasado 26 de octubre de 2020, afirma: " Así pues, en el campo que nos ocupa, de pavimentación y conservación de vías públicas, el estándar exigible dependerá de la naturaleza de la vía (ubicación, anchura y pendiente, condiciones de calidades de la zona, condiciones del proyecto original de urbanización, etcétera), su uso (mayor exigencia en calles céntricas, zonas de usuarios públicos por proximidad de centros sanitarios o escolares, bibliotecas, mercados, etcétera) y de la entidad del desperfecto u obstáculo determinante del daño (profundidad, extensión, sobresaliente, perfil, etcétera), no generando responsabilidad los que sean insignificantes ni los de difícil evitación.

En esta línea, y en relación a las irregularidades del viario, hemos manifestado en numerosas sentencias que no existe relación de causalidad idónea cuando se trata de pequeños agujeros, separación entre baldosas, resaltes mínimos por instalación de tapas de alcantarillas o bases de los marmolillos, los cuales o son inocuos o son sorteables con la mínima diligencia y atención que es exigible para deambular por la vía pública a los peatones y al estándar de eficacia que es exigible a los servicios públicos municipales pues, en otro caso, se llegaría a la exigencia de un estándar de eficacia que excedería de los que comúnmente se reputan obligatorios en la actualidad para las Administraciones Públicas. En cambio, cuando se trata de un **bache, socavón, adoquín sobresaliente, farolas truncadas por la base, ostensible desnivelación de rejillas, material suelto persistente en el tiempo, u otro elemento de mobiliario urbano que por su dimensión o ubicación representa un riesgo objetivo, difícilmente salvable o peligroso, hemos declarado la responsabilidad de la Administración**, pero sin perder de vista la posible concurrencia de culpas si existen elementos de juicio para fundar una distracción o torpeza del peatón"».

En último lugar, también resulta de interés la **sentencia del Tribunal Superior de Justicia de Madrid n.º 280/2024, de 4 de abril, ECLI:ES:TSJM:2024:3992**, en la que se dice que:

«También en ella expusimos con detalle la doctrina jurisprudencial en materia de responsabilidad patrimonial de la Administración por omisión de una actuación debida en relación a la conservación de vías públicas, que consideramos de interés para el caso. En su fundamento jurídico undécimo dijimos:

"Sobre esta cuestión son numerosas las sentencias del Tribunal Supremo, las cuales han abordado temas de interés para el presente proceso como son la imputabilidad del resultado y la carga de la prueba.

Así, por ejemplo, cabe citar la sentencia de la Sala Tercera de 3 de diciembre de 2002 (Sec. 6ª, recurso nº 38/2000, Roj STS 8101/2002, FJ 3), en la que se afirma la siguiente doctrina:

"la doctrina correcta ha de estimarse necesariamente a favor de las sentencias invocadas como contradictorias puesto que, por aplicación de los principios de la carga de la prueba contenidos en el artículo 1.214 del Código Civil (LEG 1889, 27), es claro que **corresponde a la Administración titular del servicio la prueba sobre la incidencia**, como causa eficiente, **de la acción de terceros**, y salvo en el supuesto de hecho notorio le corresponde también a la Administración acreditar aquellas circunstancias de hecho que definen el standard de rendimiento ofrecido por el servicio público para evitar las situaciones de riesgo de lesión patrimonial a los usuarios del servicio derivadas de la acción de terceros y para reparar los efectos dañosos producidos por los mismos, sin que conste siquiera que la función de mantenimiento de la carretera se haya realizado, en la zona en que se produjo el accidente, en la forma habitual y correcta, prueba cuya carga no puede trasladarse al recurrente, siendo así que en el presente caso ha de aplicarse el principio de facilidad probatoria y, en definitiva, **a la Administración le correspondía acreditar que, con los medios que disponía resultaba imposible evitar hechos como el producido** y, en definitiva, proceder a la limpieza de la vía pública o a la colocación de señales que indicarán la peligrosidad del pavimento"».

VI.- COSTAS

De acuerdo con el **artículo 139 de la LJCA (6)** las costas deben imponerse a la Administración demandada.

Por lo anteriormente expuesto,

SUPLICO AL JUZGADO:

Que tenga por presentado este escrito y por formalizada **DEMANDA DE RESPONSABILIDAD PATRIMONIAL**, con los documentos que se acompañan, se sirva a admitirlos y con estimación del mismo, acuerde la procedencia de la **responsabilidad patrimonial de la Administración** y la condene al pago de [CANTIDAD] € en concepto de los daños y perjuicios causados, más los intereses legales desde la fecha en que se produjeron los hechos.

Por ser justicia que se pide en [LOCALIDAD], a [FECHA].

Fdo. Abogado/a | Fdo. Procurador/a

OTROSÍ DIGO PRIMERO: que para el supuesto de disconformidad con los hechos relatados en la demanda se solicita el **RECIBIMIENTO DEL PLEITO A PRUEBA**, conforme a lo dispuesto en el **art. 60 de la LJCA**, dejando interesadas las pruebas de las que esta parte intenta valerse, y que aquí se proponen, y que versará sobre los siguientes extremos:

[ESPECIFICAR]

Por lo que,

SUPLICO AL JUZGADO:

Que tenga por hechas las anteriores manifestaciones, las admita, y tenga por propuesta la prueba de la que esta parte intenta hacerse valer y ordene lo necesario para su práctica para el momento procesal oportuno.

OTROSÍ DIGO SEGUNDO: Conforme al **art. 62 de la LJCA**, interesa a esta parte la celebración de la vista **(7)**.

En su virtud,

SUPLICO AL JUZGADO:

Qué tenga por realizada la anterior solicitud, y en su virtud, acuerde la celebración de la vista.

Por ser justicia que se pide en fecha y lugar *ut supra*.

Fdo. Abogado/a | Fdo. Procurador/a

---

(1) El **art. 8.2 de la LJCA** establece la competencia de los juzgados de lo contencioso-administrativo en las reclamaciones por responsabilidad patrimonial cuya cuantía no exceda de 30.050 euros. Por su parte el **art. 10 de la LJCA** dispone que las salas de lo contencioso-administrativo de los TSJ conocerán de los actos de las entidades locales y administraciones de las CC. AA., cuyo conocimiento no esté atribuido a los juzgados de los contencioso-administrativo.

(2) El RD-ley 6/2023, de 19 de diciembre, modifica el **artículo 52 de la LJCA** con entrada en vigor el 20/03/2024.

(3) La Ley 4/2023 de 28 de febrero, modifica el **artículo 19 de la LJCA**, en vigor desde el 2 de marzo del 2023. A su vez, la LO 1/2025, de 2 de enero, lo vuelve a modificar.

(4) El RD-ley 6/2023, de 19 de diciembre, modifica el **artículo 23 de la LJCA** con entrada en vigor el 20/03/2024.

(5) El **artículo 78.1 de la LJCA** establece que: «Los Juzgados de lo Contencioso-Administrativo y, en su caso, los Juzgados Centrales de lo Contencioso-Administrativo de este Orden Jurisdiccional conocen, por el **procedimiento abreviado**, de los asuntos de su competencia que se susciten sobre cuestiones de personal al servicio de las Administraciones Públicas, sobre extranjería y sobre inadmisión de peticiones de asilo político, asuntos de disciplina deportiva en materia de dopaje, así como **todas aquellas cuya cuantía no supere los 30.000 euros**».

(6) El RD-ley 6/2023, de 19 de diciembre, modifica el **artículo 119 de la LJCA** con entrada en vigor el 20/03/2024.

(7) El **art. 62 de la LJCA** establece que, mediante un otrosí, las partes podrán solicitar que se celebre vista, que se presenten conclusiones o que el pleito sea declarado concluso, sin más trámites, para sentencia.

Recurso potestativo de reposición contra la denegación de la responsabilidad patrimonial tras una caída en vía pública

AL AYUNTAMIENTO DE [NOMBRE DEL AYUNTAMIENTO]

Don/Doña [NOMBRE_APELLIDOS], mayor de edad, con DNI [NÚMERO], y domicilio a efectos de notificaciones en la C/[CALLE], n.º [NÚMERO], de [LOCALIDAD], comparezco y, como mejor proceda en Derecho,

DIGO:

Que, habiendo transcurrido el plazo legalmente establecido sin que se haya dictado resolución expresa sobre la reclamación previa presentada el [FECHA] en relación con la responsabilidad patrimonial derivada del accidente sufrido por el recurrente el [FECHA], y entendiendo desestimada por silencio administrativo dicha reclamación **(1)**, vengo a interponer **RECURSO POTESTATIVO DE REPOSICIÓN**, al amparo de lo dispuesto en los artículos 123 y 124 de la Ley 39/2015, de 1 de octubre, del Procedimiento Administrativo Común de las Administraciones Públicas (LPAC), en base a los siguientes,

HECHOS

PRIMERO. Antecedentes.

El día [FECHA], sufrí una caída en la vía pública, concretamente en [UBICACIÓN], debido a un socavón no señalizado, lo que le causó las siguientes lesiones: [ESPECIFICAR], y conllevó un largo periodo de rehabilitación.

En fecha [FECHA], se presentó reclamación previa ante este Ayuntamiento, solicitando la indemnización correspondiente por los daños y perjuicios sufridos, conforme a lo dispuesto en los artículos 32 y siguientes de la Ley 40/2015, de 1 de octubre, de Régimen Jurídico del Sector Público.

SEGUNDO. Desestimación por silencio administrativo.

Habiendo transcurrido el plazo de seis meses desde la presentación de la reclamación previa sin que se haya dictado resolución expresa, se entiende desestimada por silencio administrativo, conforme a lo dispuesto en los artículos 24.1 y 91 de la LPAC.

FUNDAMENTOS DE DERECHO

PRIMERO. El acto que se impugna pone fin a la vía administrativa, por ello puede ser objeto de recurso potestativo de reposición.

SEGUNDO. El órgano competente para resolver es el mismo órgano que dictó el acto.

TERCERO. Me encuentro legitimado para la interposición de este recurso de reposición en mi condición de interesado en el presente procedimiento, en virtud de lo dispuesto en el artículo 4 de la LPAC.

CUARTO. El presente recurso se presenta en plazo, ya que el apartado 1 del art. 124 de la LPAC dispone:

«El plazo para la interposición del recurso de reposición será de un mes, si el acto fuera expreso. Transcurrido dicho plazo, únicamente podrá interponerse recurso contencioso-administrativo, sin perjuicio, en su caso, de la procedencia del recurso extraordinario de revisión.

Si el acto no fuera expreso, el solicitante y otros posibles interesados podrán interponer recurso de reposición en cualquier momento a partir del día siguiente a aquel en que, de acuerdo con su normativa específica, se produzca el acto presunto».

QUINTO. En cuanto al fondo del asunto:

1. **Responsabilidad patrimonial de la Administración**. La responsabilidad patrimonial de la Administración está regulada en el artículo 106.2 de la Constitución Española y en los artículos 32 y siguientes de la Ley 40/2015. Según esta normativa, los particulares tienen derecho a ser indemnizados por las Administraciones Públicas por toda lesión que sufran en sus bienes y derechos, salvo en los casos de fuerza mayor, siempre que la lesión sea consecuencia del funcionamiento normal o anormal de los servicios públicos.

2. **Requisitos de la responsabilidad patrimonial de la Administración**. Citando la **sentencia del Tribunal Superior de Justicia de Madrid n.º 938/2023, de 16 de noviembre, ECLI:ES:TSJM:2023:12994**, que mantiene la línea de lo dispuesto por el Tribunal Supremo, entre otras, en la **STS n.º 786/2023, de 13 de junio, ECLI:ES:TS:2023:2842**, podemos afirmar que los requisitos de la responsabilidad patrimonial son:

«a) La efectiva realidad del daño o perjuicio, evaluable económicamente e individualizado en relación con una persona o grupo de personas.

b) Que el daño o lesión patrimonial sufrida por el reclamante sea consecuencia del funcionamiento normal o anormal -es indiferente la calificación- de los servicios públicos, en una relación directa e inmediata y exclusiva de causa a efecto, sin intervención de elementos extraños que pudieran influir, alterando el nexo causal.

c) Ausencia de fuerza mayor.

d) Que el reclamante no tenga el deber jurídico de soportar el daño causado».

3. **Teoría de la causalidad adecuada**. Conforme a la teoría de la causalidad adecuada, debe existir una relación directa e inmediata entre la actuación de la Administración y el daño sufrido. En el presente caso, el mal estado de la vía pública y la falta de señalización adecuada constituyen causas adecuadas y eficientes para producir el accidente y las lesiones sufridas por el recurrente.

4. **Jurisprudencia aplicable**. La jurisprudencia del Tribunal Supremo y de los tribunales superiores de Justicia, ha establecido que el daño debe ser antijurídico, es decir, el particular no debe tener la obligación de soportarlo, y debe existir un nexo causal directo e inmediato entre la actuación de la Administración y el daño, sin intervención de elementos extraños que puedan alterar esta relación.

Tal y como señala la **sentencia del Tribunal Superior de Justicia de Madrid n.º 1041/2023, de 14 de diciembre, ECLI:ES:TSJM:2023:14909**: «(...) **no cabe duda que las caídas en las vías públicas pueden generar responsabilidad patrimonial**, siempre que se pruebe la falta de mantenimiento de la vía que es competencia estricta de la Administración local. Así, ha de recordarse que la falta de cuidado en el mantenimiento de las condiciones mínimas de seguridad en las calles ha sido apreciada por la jurisprudencia como constitutiva de responsabilidad patrimonial de la Administración municipal (SSTS 10 de noviembre y 22 de diciembre de 1994), pues es conocida la competencia de los municipios para la "pavimentación de vías públicas urbanas" lo que necesariamente incluye su mantenimiento, según lo dispuesto en el artículo 25.1.D) y 26.1. A) de la Ley 7/85, de 2 de abril, reguladora de las Bases de Régimen Local. En este sentido se expresa el artículo 21.1 del Real Decreto Legislativo 1/92, de 26 de junio, de Régimen de Suelo y Ordenación Urbana, (uso, conservación y rehabilitación de vías públicas urbanas)».

Además, con relación a la causalidad también conviene citar la **STSJ de Asturias n.º 1093/2023, de 13 de noviembre, ECLI:ES:TSJAS:2023:2551**, en la que se alude a la llamada teoría de la causalidad adecuada y se señala que la misma consiste en «(...) determinar si la concurrencia del daño era de esperar en la esfera del curso normal de los acontecimientos, o si, por el contrario, queda fuera de este posible cálculo, de tal forma que sólo en el primer caso, si el resultado se corresponde con la actuación que la originó, es adecuado a esta, se encuentra en relación causal con ella y sirve como fundamento del deber de indemnizar». Añadiendo que: «Esta causa adecuada o causa eficiente y exige un presupuesto, una "condictio sinequa non", esto es, un acto o un hecho sin el cual es inconcebible que otro hecho o evento se considere consecuencia o efecto del primero. Ahora bien, esta condición por sí sola no basta para definir la causalidad adecuada sino que es necesario, además, que resulte normalmente idónea para determinar aquel evento o resultado, tomando en consideración todas las circunstancias del caso; esto es, que exista una adecuación objetiva entre acto y evento, lo que se ha llamado la verosimilitud del nexo y sólo cuando sea así, dicha condición alcanza la categoría de causa adecuada, causa eficiente o causa próxima y verdadera del daño, quedando así excluidos tanto los actos indiferentes como los inadecuados o inidóneos y los absolutamente extraordinarios».

Además, debe valorarse que tal y como dispone el **Tribunal Superior de Justicia de Asturias en su sentencia n.º 670/2023, de 16 de junio, ECLI:ES:TSJAS:2023:1510**:

> «El art. 25.2 b) y d) de la LBRL, en relación con el art. 3.1 del Reglamento de Bienes de las Entidades Locales, imponen la **obligación de conservación de las vías y calles del casco urbano, a la Administración Municipal**. No obstante, lo primero que incumbe al actor es acreditar ese **nexo causal** entre la deficiente conservación de la vía, de forma que supere el estándar de seguridad exigible a la Administración en el cumplimiento de sus obligaciones, y las lesiones. La Sentencia de esta misma Sala, del pasado 26 de octubre de 2020, afirma: " Así pues, en el campo que nos ocupa, de pavimentación y conservación de vías públicas, el estándar exigible dependerá de la naturaleza de la vía (ubicación, anchura y pendiente, condiciones de calidades de la zona, condiciones del proyecto original de urbanización, etcétera), su uso (mayor exigencia en calles céntricas, zonas de usuarios públicos por proximidad de centros sanitarios o escolares, bibliotecas, mercados, etcétera) y de la entidad del desperfecto u obstáculo determinante del daño (profundidad, extensión, sobresaliente, perfil, etcétera), no generando responsabilidad los que sean insignificantes ni los de difícil evitación.
>
> En esta línea, y en relación a las irregularidades del viario, hemos manifestado en numerosas sentencias que no existe relación de causalidad idónea cuando se trata de pequeños agujeros, separación entre baldosas, resaltes mínimos por instalación de tapas de alcantarillas o bases de los marmolillos, los cuales o son inocuos o son sorteables con la mínima diligencia y atención que es exigible para deambular por la vía pública a los peatones y al estándar de eficacia que es exigible a los servicios públicos municipales pues, en otro caso, se llegaría a la exigencia de un estándar de eficacia que excedería de los

que comúnmente se reputan obligatorios en la actualidad para las Administraciones Públicas. En cambio, cuando se trata de un **bache, socavón, adoquín sobresaliente, farolas truncadas por la base, ostensible desnivelación de rejillas, material suelto persistente en el tiempo, u otro elemento de mobiliario urbano que por su dimensión o ubicación representa un riesgo objetivo, difícilmente salvable o peligroso, hemos declarado la responsabilidad de la Administración**, pero sin perder de vista la posible concurrencia de culpas si existen elementos de juicio para fundar una distracción o torpeza del peatón"».

En último lugar también cabría citar aquí la sentencia del Tribunal Superior de Justicia de Baleares n.º 234/2024, de 30 de abril, ECLI:ES:TSJBAL:2024:427, que recuerda:

«(...) ya nos hemos pronunciado en el sentido de que una misma deficiencia o irregularidad causante de caída puede determinar o no responsabilidad patrimonial municipal según el punto en que se encuentra.

Mientras que la responsabilidad de la Administración municipal se diluye en zonas inidóneas para el paso de peatones (como la calzada destinada al paso de vehículos), sí **adquiere relevancia en las zonas destinadas al paso de peatones (aceras, pasos de cebra, paseos,...) que deben cumplir unas condiciones de regularidad en el pavimento que no constituyan riesgo a quien transita por ellas en la confianza de que se encontrarán en correcto estado.**

(...)

"lo relevante no es tanto la entidad de la irregularidad del pavimento sino el punto donde ésta se presenta ya que, en **una acera, quien camina lo ha de hacer con la tranquilidad y confianza de que se encuentra en las condiciones adecuadas para su función: el tránsito de personas.** Con lo anterior se quiere precisar que una irregularidad de unos pocos centímetros en la acera o en lugar plano, puede tener carácter sorpresivo y causa de accidente, frente a posibles desniveles de mayor entidad en lugares que precisan de especial atención para subirlo o bajarlo (jardines, parque, etc..). Pues bien, siguiendo la argumentación anterior, la irregularidad causante del accidente, por encontrarse en la acera, es decir, en lugar destinado a transitar sin tener que extremar cuidado a tal fin, sí es enteramente imputable a la Administración, sin que deba desplazarse la responsabilidad a quien camina por lugar específicamente diseñado y adecuado -en teoría- para caminar por él en condiciones de seguridad."».

Por todo lo expuesto,

SOLICITO que se tenga por presentado este escrito, se admita, y se tenga por interpuesto en tiempo y forma **RECURSO POTESTATIVO DE REPOSICIÓN** y en su virtud, se revoque la desestimación presunta de la reclamación previa, procediéndose a reconocer la responsabilidad patrimonial del Ayuntamiento y a indemnizar al recurrente en la cantidad de [CANTIDAD], más los intereses legales correspondientes, por los daños y perjuicios sufridos como consecuencia del accidente ocurrido el [FECHA].

En [LOCALIDAD], a [DÍA] de [MES] de [AÑO]

FIRMADO

---

(1) El recurso potestativo de reposición podrá interponer también contra la resolución expresa que desestime la reclamación planteada.

Contestación a la demanda de reclamación patrimonial a la Administración tras una caída en la vía pública

Procedimiento: [ESPECIFICAR]

Número [NÚMERO] / [AÑO]

AL JUZGADO CONTENCIOSO-ADMINISTRATIVO
N.º [NÚMERO] DE [LOCALIDAD] (1)

Don/Doña [NOMBRE_PROCURADOR_CLIENTE], procurador/a de los tribunales de [LOCALIDAD], con n.º de colegiado/a [NÚMERO] **(2)**, actuando en nombre y representación de [NOMBRE_CLIENTE], con CIF n.º [NÚMERO], representación que debidamente acredito mediante poder notarial que se acompaña como **documento n.º** [NÚMERO], bajo la dirección técnica de **don/doña** [NOMBRE_ABOGADO_CLIENTE], abogado/a con número de colegiado/a n.º [NÚMERO] del Iltre. Colegio de Abogados de [LOCALIDAD], en el recurso contencioso-administrativo n.º [NÚMERO], comparezco y como mejor proceda en derecho,

DIGO

Que en virtud del escrito de demanda de responsabilidad patrimonial interpuesto por don/doña [NOMBRE_CLIENTE] contra el Ayuntamiento de [LOCALIDAD] y su compañía aseguradora [ESPECIFICAR], vengo a formular la presente **CONTESTACIÓN A LA DEMANDA**, oponiéndome a la indemnización solicitada, con base en los siguientes,

HECHOS

PRIMERO.- Con fecha [FECHA], el demandante sufrió una caída en la vía pública, en la calle [ESPECIFICAR], debido a una baldosa en mal estado, según alega en su demanda.

SEGUNDO.- El demandante presentó una reclamación administrativa previa ante el Ayuntamiento de [LOCALIDAD], la cual fue desestimada por [ESPECIFICAR_MOTIVOS].

TERCERO.- A raíz de la desestimación de su reclamación, el demandante ha interpuesto demanda de responsabilidad patrimonial, solicitando una indemnización por los daños sufridos como consecuencia de la caída.

CUARTO.- La calle por la que transitaba el perjudicado se encuentra en un estado de conservación aceptable, y la rotura de la baldosa que supuestamente generó la caída es mínima. Tal y como se relatan los hechos no se reúnen los requisitos necesarios para el nacimiento de la responsabilidad patrimonial de la Administración por los siguientes motivos: [ESPECIFICAR].

A los anteriores hechos le son de aplicación los siguientes,

FUNDAMENTOS DE DERECHO

I.- JURISDICCIÓN Y COMPETENCIA

El artículo 1 de la Ley 29/1998, de 13 de julio, reguladora de la Jurisdicción Contencioso-Administrativa, establece que los juzgados y tribunales del orden contencioso-administrativo conocerán de las pretensiones que se deduzcan en relación con la actuación de las Administraciones públicas sujetas a Derecho Administrativo. Por su parte, corresponde el conocimiento de la presente pretensión al órgano al que me dirijo de conformidad con el artículo 8 de la LJCA **(1)**.

II.- CAPACIDAD PROCESAL Y LEGITIMACIÓN

El artículo 19 de la Ley 29/1998, de 13 de julio, reguladora de la Jurisdicción Contencioso-Administrativa, legitima activamente ante esa jurisdicción a las personas que ostenten un interés legítimo y el artículo 21.1.a) de la misma ley atribuye legitimación pasiva a la Administración demandada.

III.- PROCEDIMIENTO

La demanda se tramitará por los cauces del procedimiento [ORDINARIO/ABREVIADO] de conformidad con el artículo 78 de la LJCA.

IV.- FONDO DEL ASUNTO

El artículo 106 de la Constitución Española y el artículo 32 de la Ley 40/2015, de 1 de octubre, de Régimen Jurídico del Sector Público, reconocen el derecho de los particulares a ser indemnizados por las lesiones que sufran en sus bienes y derechos, siempre que sean consecuencia del funcionamiento normal o anormal de los servicios públicos, salvo en los casos de fuerza mayor o de daños que el particular tenga el deber jurídico de soportar de acuerdo con la ley.

Para que proceda la responsabilidad patrimonial de la Administración, deben concurrir los siguientes requisitos:

- La existencia de un daño efectivo, evaluable económicamente e individualizado en relación a una persona o grupo de personas.

- Que el daño sea antijurídico, en el sentido de que la persona que lo sufre no tenga el deber jurídico de soportarlo de acuerdo con la ley.

- La relación de causalidad entre la actividad administrativa y el resultado dañoso.

- Ausencia de fuerza mayor.

En el presente caso, no se cumplen los requisitos necesarios para la procedencia de la responsabilidad patrimonial del Ayuntamiento de [LOCALIDAD], por las siguientes razones:

- Daño efectivo y evaluable económicamente: No se ha acreditado de manera suficiente la existencia de un daño efectivo y evaluable económicamente. Las pruebas aportadas por el demandante no son concluyentes en cuanto a la magnitud del daño sufrido.

- Antijuridicidad del daño: El demandante no ha demostrado que el daño sufrido sea antijurídico. La Administración no tiene el deber jurídico de indemnizar por daños que no sean consecuencia directa de su actuación.

- Relación de causalidad: No se ha probado de manera fehaciente la relación de causalidad directa e inmediata entre la caída del demandante y el estado de la vía pública. Existen otros factores que han influido en la caída, como la propia conducta del demandante, ya que teniendo en cuenta la visibilidad en el momento del accidente y la facilidad para esquivarlo, si hubiese mostrado un mínimo de diligencia se podría haber evitado el desafortunado accidente.

- Ausencia de fuerza mayor: No se ha acreditado la ausencia de fuerza mayor. La Administración no puede ser responsable de todos los accidentes que ocurran en la vía pública, especialmente si no se demuestra que el estado de la vía era el único factor determinante del accidente.

Cabe destacar lo dispuesto en la sentencia del TSJ de Galicia n.º 587/2024, de 19 de julio, ECLI:ES:TSJGAL:2024:5034, en la que se señala que: «(...) No se ha acreditado en el presente caso la concurrencia de todos los elementos legalmente exigibles para apreciar la existencia de responsabilidad patrimonial, dado que no consta ni se ha acreditado la razón por la que se cayó la recurrente, era de día y con perfecta visibilidad cuando se produjo esa caída, y el desperfecto en la acera era visible y evitable».

También el **Tribunal Superior de Justicia de Madrid en su sentencia n.º 871/2023, de 26 de octubre, ECLI:ES:TSJM:2023:11868**, señala que: «Sin embargo es esencial para la determinación de la responsabilidad patrimonial de la Administración, por muy objetiva que ésta sea, la contemplación de un nexo causal, como relación entre el acto y el daño, en este caso los daños o consecuencias patrimoniales reclamadas por la actora, y en el caso de autos no se ha acreditado mínimamente tal relación de causalidad», e insiste en que la visibilidad y la evitabilidad son factores que deben ser tenidos en cuenta:

«(...) tanto la visibilidad del defecto como la evitabilidad de la caída vienen siendo utilizados por los Tribunales como fundamento para la desestimación de este tipo de reclamaciones. Así a modo de ejemplo cabe citar la sentencia del Tribunal Superior de Justicia de Andalucía de 14 de diciembre de 2015 (JUR 2016\48466) en la que se argumenta:

"[...] En efecto, la Sala respalda la hermeneusis que el Juez de instancia hace de las fotografías obrantes en autos y, también, la inferencia lógica de que, con vista de las mismas, el evento dañoso hay que atribuirlo al deambular desatento de la recurrente, pues, partiendo de la hora de su acaecimiento, 8,00 horas de la mañana, esto es, a plena luz del día, la parte del acerado que no tenía baldosas era perfectamente visible, de modo que, si la recurrente hubiese caminado atendiendo al lugar por el que transitaba, habría percibido, sin ninguna dificultad, la oquedad por ausencia de las mencionadas baldosas y, de esa manera, podría haber sorteado ese lugar. Por tanto, la conducta de la recurrente interrumpió la relación de causalidad entre la caída y el mal estado de la acera".

La sentencia del Tribunal Superior de Justicia de Cantabria de 27 de marzo de 2012 en la que se afirma

"[...] la Sala comparte el criterio que de forma impecable ha expuesto el juzgador a quo, so pena de convertir a la Administración en aseguradora universal. Lo cierto es que las fotografías donde se aprecia la ausencia de las baldosas también permite apreciar, además de la anchura de la acera y las claras posibilidades de sortear una imperfección netamente visible a simple vista si la deambulación se produce con un mínimo de atención, que ésta no podía haber sorprendido por ser reciente. Lo cierto es que todas las aceras contienen imperfecciones y desniveles, y sólo aquéllos no perceptibles o de difícil sorteamiento pueden ser imputados a la Administración, pues en los demás casos es la propia imprudencia del sujeto que camina sin prestar atención la causa eficiente origen de la caída".

O más recientemente la sentencia del Tribunal Superior de Justicia de Madrid de 29 de septiembre de 2016 en la que se razona

"[...] compartimos el criterio del Juzgador acerca de que se trataba de un desperfecto, visible a simple vista, que la viandante debió sortear con un mínimo de diligencia. La acera se revela con una amplitud suficiente para sortear el indicado obstáculo y no existe acreditación alguna de que la deambulación no pudiera realizarse, en atención a las circunstancias, por una zona de la misma más segura que la deteriorada que reflejan las fotografías [...] ".Por todo lo expuesto, SOLICITO AL JUZGADO que tenga por presentado este escrito, lo admita, y en su virtud, desestime la demanda interpuesta por Don/Doña [NOMBRE_CLIENTE] contra el Ayuntamiento de [LOCALIDAD], con expresa imposición de costas a la parte demandante».

En último lugar también cabe mentar la sentencia del Tribunal Superior de Justicia de Cataluña n.º 1384/2024, de 25 de abril, ECLI:ES:TSJCAT:2024:3816, que acertadamente recoge que:

«Insistimos que a los peatones corresponde caminar atentos a las circunstancias que les rodean, ya que de otro modo se convertiría a las administraciones, singularmente las entidades territoriales propietarias de vías públicas, en aseguradoras universales de los eventos dañosos que sucedan en los espacios abiertos al público, como dijimos anteriormente(...)».

Por todo lo expuesto,

SOLICITO AL JUZGADO:

Que tenga por presentado este escrito, lo admita, y en su virtud, desestime la demanda interpuesta por don/doña [NOMBRE_CLIENTE] contra el Ayuntamiento de [LOCALIDAD], con expresa imposición de costas a la parte demandante.

Es justicia que pido en [LOCALIDAD], a [DIA], de [MES], de [AÑO].

FIRMA ABOGADO/A | FIRMA PROCURADOR/A **(2)**

OTROSÍ DIGO PRIMERO: En virtud de los dispuesto en el art. 60 de la LJCA se solicita el recibimiento del pleito a prueba. En particular, se solicitan las siguientes pruebas: [ESPECIFICAR].

Por lo expuesto,

SUPLICO AL JUZGADO:

Que tenga por realizada la anterior manifestación, la admita, tenga propuesta la prueba de la que esta parte intenta valerse, y ordene lo necesario para su práctica.

Por ser justicia que se pide fecha y lugar *ut supra*,

OTROSÍ DIGO SEGUNDO: Conforme al art. 62 de la LJCA, interesa a esta parte la celebración de la vista **(3)**.

En su virtud,

SUPLICO AL JUZGADO:

Qué tenga por realizada la anterior solicitud, y en su virtud, acuerde la celebración de la vista.

FIRMA ABOGADO/A | FIRMA PROCURADOR/A **(2)**

---

(1) El **art. 8.2 de la LJCA** establece la competencia de los juzgados de lo contencioso-administrativo en las reclamaciones por responsabilidad patrimonial cuya cuantía no exceda de 30.050 euros. Por su parte el **art. 10 de la LJCA** dispone que las salas de lo contencioso-administra-

tivo de los TSJ conocerán de los actos de las entidades locales y administraciones de las CC. AA., cuyo conocimiento no esté atribuido a los juzgados de los contencioso-administrativo.

(2) Hay que tener en cuenta lo dispuesto en el **art. 551 de la LOPJ** para el caso de que la contestación al recurso contencioso administrativo la realice la Administración, ya que su representación y defensa podría ser ejercita por los letrados que sirvan en los servicios jurídicos de dichas Administraciones.

(3) El **art. 62 de la LJCA** establece que, mediante un otrosí, las partes podrán solicitar que se celebre vista, que se presenten conclusiones o que el pleito sea declarado concluso, sin más trámites, para sentencia.

Formulario de preparación del recurso de casación contra sentencia contencioso-administrativa por responsabilidad patrimonial

Procedimiento: [ESPECIFICAR]

Sentencia: [NÚMERO]

(1)

A LA SALA DE LO CONTENCIOSO-ADMINISTRATIVO DEL TRIBUNAL SUPERIOR DE JUSTICA DE [COMUNIDAD AUTÓNOMA]/ SALA DE LO CONTENCIOSO-ADMINISTRATIVO DE LA AUDIENCIA NACIONAL (2)

Don/Doña [NOMBRE_PROCURADOR_CLIENTE], procurador/a de los tribunales, actuando en nombre y representación de don/doña [NOMBRE_CLIENTE], con [DNI], representación que se encuentra acreditada en los autos referenciados y bajo la dirección letrada de **don/doña** [NOMBRE_ABOGADO_CLIENTE] con [NÚMEROCOLEGIA-DO_ABOGADO_CLIENTE], del ICA de [LOCALIDAD], como mejor proceda en derecho,

DIGO

PRIMERO.- Con fecha [FECHA] fue notificada a esta parte sentencia n.º [NUMERO] del órgano al que me dirijo dictada el [FECHA] en el procedimiento de primera instancia en reclamación de responsabilidad patrimonial de la Administración frente a [PARTE_CONTRARIA] por la que se ha desestimado la pretensión de esta parte por la que se reclamaba [ESPECIFICAR] en concepto de indemnización por los daños sufridos en la caída en la vía pública.

SEGUNDO.- No estando conforme esta parte con la sentencia referenciada, de conformidad con lo dispuesto en el art. 89 de la LJCA, por medio del presente escrito vengo a **PREPARAR RECURSO DE CASACIÓN** frente a la misma.

A los efectos señalados,

EXPONGO

PRIMERO.- PLAZO

Este escrito se presenta en el plazo de 30 días desde la notificación de la sentencia que se pretende recurrir.

SEGUNDO.- LEGITIMACIÓN

Esta parte se encuentra legitimada conforme al art. 89.1 de la LJCA por haber sido parte en el proceso en el que se ha dictado la resolución.

TERCERO.- RECURRIBILIDAD DE LA SENTENCIA

La sentencia es recurrible conforme a lo señalado en el art. 86.1 de la LJCA.

CUARTO.- NORMAS Y JURISPRUDENCIA INFRINGIDAS (3)

Esta parte estima que la sentencia recurrida ha infringido el art. 46.1 de la LJCA al realizar una interpretación incorrecta del mismo por ser contraria a la jurisprudencia establecida por el Tribunal Supremo y el Tribunal Constitucional acerca del plazo de interposición del recurso para el caso de desestimación por silencio administrativo.

La sentencia que se pretende recurrir ha desestimado la demanda al entender que la acción había caducado, al entender que estaba sujeta al plazo de seis meses que establece el **art. 46 de la LJCA** para recurrir los actos presuntos de la Administración. Esta interpretación no se ajusta a la jurisprudencia aplicable por cuanto el Tribunal Constitucional en la **sentencia n.º 52/2014, de 10 de abril, ECLI:ES:TC:2014:52**, ha establecido que el silencio no puede considerarse un acto presunto, sino que «(...) la desestimación por silencio administrativo tiene los solos efectos de permitir a los interesados la interposición del recurso administrativo o contencioso-administrativo que resulte procedente (...)». Concluye el Tribunal Constitucional en la mentada sentencia que esto supone que la impugnación jurisdiccional de las desestimaciones por silencio no está sujeta al plazo de caducidad del **art. 46.1 de la LJCA.** En este mismo sentido se ha pronunciado el Tribunal Supremo en la **sentencia n.º 419/2024, de 8 de marzo, ECLI:ES:TS:2024:1428**, en la que se dispuso «Ha de tenerse en cuenta que el silencio negativo es una mera ficción legal que abre la posibilidad de impugnación, pero que deja subsistente la obligación de la Administración de resolver expresamente (...)».

Por lo expuesto, la sentencia no es conforme a derecho, ya que, tal como **se hizo constar ya en la demanda por la que se inició el procedimiento contencioso-administrativo**, la acción de esta parte no había caducado al haber finalizado el procedimiento administrativo por silencio desestimatorio.

QUINTO.- INTERÉS CASACIONAL Y CONVENIENCIA DE PRONUNCIAMIENTO (4)

La cuestión planteada presenta interés casacional conforme a lo establecido en el art. 88.2.e) de la LJCA, por cuanto la sentencia que se impugna ha interpretado de manera errónea el art. 46.1 de la LJCA fundamentando su decisión en la supuesta caducidad de la acción, contraviniendo con ello la doctrina constitucional recogida en la **sentencia n.º 52/2014, de 10 de abril, ECLI:ES:TC:2014:52**, referenciada en el apartado anterior.

Por todo lo expuesto,

SUPLICO:

Que se tenga por presentado este escrito en tiempo y forma y se dicte **auto por el que se tenga por preparado el recurso de casación** frente a la sentencia n.º [NÚMERO] de [FECHA], se ordene el emplazamiento de las partes para su comparecencia ante la Sala de lo contencioso-administrativo del Tribunal Supremo y se remitan a ésta los autos originales y el expediente administrativo.

Es justicia que pido en [LUGAR] a [FECHA]

[FIRMA_ABOGADO] [FIRMA_PROCURADOR]

---

(1) Conforme al Acuerdo de la Sala de Gobierno del Tribunal Supremo de veinte de abril de 2016, sobre la extensión máxima y otras condiciones extrínsecas de los escritos procesales referidos al recurso de casación ante la Sala Tercera, los escritos de preparación presentados por vía telemática o en papel irán precedidos de una **CARÁTULA** o formulario, que generará el sistema o que rellenarán los profesionales que presenten el escrito.

(2) Conforme al art. 89.1 de la LJCA el recurso de casación se prepara ante la sala de instancia.

(3) En este apartado deben recogerse las normas y jurisprudencia que se entienda que la sentencia impugnada incumple. En caso de que la sentencia hubiese sido dictada por un TSJ debe tenerse en cuenta que las normas han de ser derecho estatal o del UE para que pueda recurrirse en casación conforme al art. 86.3 de la LJCA.

(4) En este apartado se expondrá el motivo que fundamente el interés casacional conforme a lo establecido en los apartados 2 y 3 del art. 88 de la LJCA.

Recurso de casación contra sentencia contencioso-administrativa por responsabilidad patrimonial

(1) A LA SECCIÓN [NÚMERO] DE LA SALA DE LO CONTENCIOSO-ADMINITRATIVO DEL TRIBUNAL SUPREMO

Don/Doña [NOMBRE_PROCURADOR], procurador/a de los tribunales actuando en nombre y representación de don/doña [NOMBRE_CLIENTE], con [DNI] representación que ya consta acreditada en autos, y bajo la dirección técnica de don/doña [NOMBRE_ABOGADO_CLIENTE] con [NÚMERO_COLEGIADO_ABOGADO_CLIENTE], como mejor proceda en derecho,

DIGO

Con fecha [FECHA] esta parte ha recibido diligencia de ordenación del letrado de la Administración de Justicia, por lo que dentro del plazo de 30 días concedido y de conformidad con el art. 92 de la LJCA, vengo a **INTERPONER RECURSO DE CASACIÓN** frente la sentencia n.º [NÚMERO] de [FECHA] dictada por la sala de lo contencioso-administrativo de [ÓRGANO].

Todo ello con base en las siguientes,

ALEGACIONES

PRIMERA.- EXPOSICIÓN RAZONADA DE POR QUÉ HAN SIDO INFRINGIDAS LAS NORMAS O LA JURISPRUDENCIA IDENTIFICADA EN EL ESCRITO DE PREPARACIÓN.

Como ya se ha dicho en el escrito de preparación del presente recurso de casación, la sentencia recurrida infringe lo siguiente (2):

- [Ejemplo] **No caducidad de la acción por silencio administrativo**

Esta parte estima que la sentencia recurrida ha infringido el art. 46.1 de la LJCA al realizar una interpretación incorrecta del mismo por ser contraria a la jurisprudencia establecida por el Tribunal Supremo y el Tribunal Constitucional acerca del plazo de interposición del recurso para el caso de desestimación por silencio administrativo.

La sentencia que se pretende recurrir ha desestimado la demanda al entender que la acción había caducado, al entender que estaba sujeta al plazo de seis meses que establece el art. 46 de la LJCA para recurrir los actos presuntos de la Administración. Esta interpretación no se ajusta a la jurisprudencia aplicable por cuanto el Tribunal Constitucional en la **sentencia n.º 52/2014, de 10 de abril, ECLI:ES:TC:2014:52**, ha establecido que el silencio no puede considerarse un acto presunto, sino que «(...) la desestimación por silencio administrativo tiene los solos efectos de permitir a los interesados la interposición del recurso administrativo o contencioso-administrativo que resulte procedente (...)». Concluye el Tribunal Constitucional en la mentada sentencia que esto supone que la impugnación jurisdiccional de las desestimaciones por silencio no está sujeta al plazo de caducidad del **art. 46.1 de la LJCA**. En este mismo sentido se ha pronunciado el Tribunal Supremo en la **sentencia n.º 419/2024, de 8 de marzo, ECLI:ES:TS:2024:1428**, en la que se dispuso «Ha de tenerse en cuenta que el silencio negativo es una mera ficción legal que abre la posibilidad de impugnación, pero que deja subsistente la obligación de la Administración de resolver expresamente (...)».

Por lo expuesto, la sentencia no es conforme a derecho, ya que, tal como se hizo constar ya en la demanda por la que se inició el procedimiento contencioso-administrativo, la acción de esta parte no había caducado al haber finalizado el procedimiento administrativo por silencio desestimatorio.

- [DESCRIPCIÓN]

SEGUNDA.- PRETENSIONES Y PRONUNCIAMIENTOS QUE SE SOLICITAN

- **Estimación del recurso de casación**

Por todo lo anterior, suplico a esta Sección que tenga por presentado este escrito y, con estimación del mismo proceda a anular la sentencia n.º [NÚMERO] de [FECHA] dictada por la sala de lo contencioso-administrativo de [ÓRGANO] y [ESPECIFICAR] **(3)** con imposición de costas a la Administración demandada.

- **Pronunciamiento en costas**

Conforme a lo señalado en el art. 93.4 de la LJCA la parte solicita que se anule la condena en costas de esta parte impuesta en la sentencia objeto de recurso por cuanto la falta de respuesta de la Administración en el procedimiento administrativo ha determinado que el caso enjuiciado existieran serias dudas de hecho y derecho en los términos establecidos en la **STS n.º 1443/2022, de 8 de noviembre, ECLI:ES:TS:2022:4009**, que establece:

> «Ratificando la doctrina fijada en nuestra Sentencia nº 376/20, de 4 de marzo (casación 7.708/18), declaramos que la ausencia de resolución expresa no excluye el criterio del vencimiento, que es la regla general y primaria para la imposición de costas. Y ello sin perjuicio de que el Tribunal que dicte la resolución, pueda estimar y razonar, que esa ausencia de resolución expresa ha generado dudas de hecho o de derecho en el debate procesal, acogiendo la excepción que el mismo precepto procesal autoriza»

En virtud de lo expuesto,

SUPLICO A LA SECCIÓN:

Que tenga por presentado en tiempo y forma este escrito, se sirva admitirlo y por interpuesto **RECURSO DE CASACIÓN** frente a la sentencia n.º [NÚMERO] de [FECHA] dictada por la sala contencioso-administrativo de [ÓRGANO], y previos los trámites legales oportunos dicte sentencia anulando la sentencia recurrida y estimando plenamente el presente recurso en todas sus pretensiones.

En [LUGAR], a [FECHA]

[FIRMA_ABOGADO] [FIRMA_PROCURADOR]

---

(1) Conforme al Acuerdo de la Sala de Gobierno del Tribunal Supremo de veinte de abril de 2016, sobre la extensión máxima y otras condiciones extrínsecas de los escritos procesales referidos al recurso de casación ante la Sala Tercera, los escritos de preparación presentados por vía telemática o en papel irán precedidos de una **CARÁTULA** o formulario, que generará el sistema o que rellenarán los profesionales que presenten el escrito.

(2) En este apartado deben recogerse las normas y jurisprudencia que se entienda que la sentencia impugnada incumple.

(3) Precisar el sentido de las pretensiones que la parte aduce y de los pronunciamientos que solicite que pueden ser la casación de la sentencia de instancia o la retroacción de las actuaciones conforme al **art. 93 de la LJCA**.

Oposición al recurso de casación contencioso-administrativo por responsabilidad patrimonial por una caída

Número del recurso de casación: [ESPECIFICAR].

Sección [NUMERO] de la Sala de lo Contencioso-administrativo del TS

A LA SECCIÓN [NÚMERO] DE LA SALA DE LO CONTENCIOSO-ADMINISTRATIVO DEL TRIBUNAL SUPREMO

Don/Doña [NOMBRE_PROCURADOR/A_CLIENTE], procurador/a de los tribunales de [LUGAR], con n.º de colegiado [NÚMERO_COLEGIADO/A_PROCURADOR/A_CLIENTE], actuando en nombre y representación de **don/doña** [NOMBRE_CLIENTE], [DNI] representación que ya consta acreditada en autos, y bajo la dirección técnica de **don/doña** [NOMBRE_ABOGADO_CLIENTE] con [NÚMERO_COLEGIADO_ABOGADO_CLIENTE], como mejor proceda en derecho,

DIGO

Que he recibido la diligencia de ordenación de [FECHA] del letrado de la Administración de Justicia de esa sección de la Sala de lo Contencioso-administrativo del Tribunal Supremo a la que me dirijo, donde se me da traslado del escrito de interposición del recurso de casación presentado por [NOMBRE] contra la sentencia de [ÓRGANO] y se me hace saber que dispongo de un plazo de treinta días, a contar desde la notificación de aquella, para presentar en la secretaría de esa sección el oportuno escrito de oposición al mismo.

En cumplimiento de lo anterior, y dentro del referido plazo legal, presento **ESCRITO DE OPOSICIÓN AL RECURSO DE CASACIÓN (1)** contra la sentencia de fecha [FECHA] del [ÓRGANO], en base a las siguientes,

ALEGACIONES

PRIMERO.- ANÁLISIS DE LAS INFRACCIONES NORMATIVAS O JURISPRUDENCIALES ESGRIMIDAS POR LA CONTRARIA

Esta parte entiende, y sea dicho esto con todos los respetos, que ninguna de las infracciones normativas o de jurisprudencia expuestas por la contraria en su escrito de preparación se han producido en realidad, y ello por una deficiente y/o interesada interpretación de las misma. De este modo, y analizando separadamente cada una de ellas, resulta que **(1)**:

- [DESCRIPCIÓN]
- [DESCRIPCIÓN]
- [DESCRIPCIÓN]

A modo de ejemplo:

CORRECTA APLICACIÓN DE LOS ARTS. 106 DE LA CE Y 32 DE LA LEY 40/2015 DEL RJSP

El Ayuntamiento recurrente sostiene que no existe nexo causal debido a que la actuación de la Administración fue la correcta antes las concretas circunstancias del caso. Si bien reconoce que había una mancha de aceite en el paso de peatones, alega que ya se había dado traslado de ese hecho a los bomberos para que procediesen a su limpieza, y que el tiempo que tardó en solucionarse el asunto era más que razonable.

Esta parte no puede compartir la tesis de la Administración, ya que tal y como correctamente se recoge en la sentencia apelada, no cabe duda de que la caída del peatón se produjo como consecuencia del efecto deslizante que produjo la mancha de aceite en el pavimento, lo que de por sí constituye un anormal funcionamiento de los servicios públicos que son los encargados de vigilar y garantizar el buen estado de las vías públicas. Aun entendiendo que en el hecho intervino un tercero no se rompería la relación de causalidad ya que la Administración no adoptó las precauciones suficientes para hacer desaparecer el riesgo. No sólo debería haber comunicado el hecho a los bomberos, si no que debería haber regulado el tránsito de personas en tanto la vía no se encontrase en condiciones adecuadas para un uso normal de la misma.

En este sentido hay que tener en cuenta lo dispuesto en la **STS, rec. 7044/1998, de 16 de diciembre de 2002, ECLI:ES:TS:2002:8441**, en la que se señala:

> «El achacar negligencia a la perjudicada, por cruzar la calzada cubierta de aceite, no elimina la relación de causalidad entre la aludida inoperancia o inactividad del servicio público y la caída de aquélla, pero, además, pesaba sobre la Administración la carga de demostrar que la viandante, que observó las normas de circulación cruzando la calzada por el paso de peatones al efecto señalizado, fue imprudente al así proceder, pues de lo sucedido se desprende todo lo contrario, ya que los servicios municipales no habían puesto los medios de evitar un tránsito extremadamente peligroso por el aceite derramado, de cuya existencia tuvieron conocimiento antes de producirse la caída, razón que, unida lo expresado anteriormente, justifica la desestimación del primero de los motivos de casación alegados».

La propia Sala Tercera del TS ha reconocido en numerosas ocasiones, por ejemplo en la **STS n.º 786/2023, de 13 de junio, ECLI:ES:TS:2023:2842**, que entre los presupuestos que han de concurrir para que proceda la responsabilidad patrimonial de la Administración se encuentra «(...) Que el daño o lesión patrimonial sufrida por el reclamante sea consecuencia del funcionamiento normal o anormal -es indiferente la calificación- de los servicios públicos en una relación directa e inmediata y exclusiva de causa a efecto, sin intervención de elementos extraños que pudieran influir, alterando, el nexo causal (...)», presupuesto que en el supuesto analizado se cumple sobradamente tal y como se reconoce en la sentencia de instancia.

SEGUNDO.- PRETENSIONES Y PRONUNCIAMIENTOS QUE SE SOLICITAN

[DESCRIPCIÓN]

Por todo lo anterior,

SUPLICO A LA SALA:

Que tenga por presentado este escrito, se sirva a admitirlo, teniéndome por personado ante la Sala Tercera del Tribunal Supremo y por realizada, en tiempo y forma, la OPOSICIÓN al recurso de casación, y, previos los trámites oportunos, se declare que no ha lugar el recurso de casación interpuesto por la adversa contra la sentencia de [FECHA] de [ÓRGANO], confirmándose la misma y haciendo expresa imposición de costas a la Administración recurrente.

En [LOCALIDAD] a [DIA] de [MES] de [AÑO].

Firma abogado/a | Firma procurador/a

OTROSÍ DIGO: A los efectos de poder acreditar debidamente todo lo expuesto en este escrito se solicita la celebración de vista pública. **(2)**

Por ello,

SUPLICO A LA SALA:

Que se tenga por realizada la manifestación anterior a los efectos oportunos.

En fecha y lugar *ut supra*.

Firma abogado/a | Firma procurador/a

---

(1) Los escritos de oposición, al igual que los de interposición, deberán ir precedidos de una carátula o formulario en los términos recogidos en el **Acuerdo de la Sala de Gobierno del TS de 20 de abril de 2016, sobre la extensión máxima y otras condiciones extrínsecas de los escritos procesales referidos al recurso de casación ante la Sala Tercera.**

Además, tendrán una extensión máxima de 50.000 caracteres con espacios, equivalente a 25 folios, y deberán realizarse usando como fuente «Times New Román», en tamaño 12 (10 para pies de páginas o extractos de artículos o sentencias). El interlineado deberá ser de 1,5 y los márgenes de 2,5 cm.

Los escritos de oposición se estructurarán en apartados separados y debidamente numerados que se encabezarán con un epígrafe expresivo de aquello de lo que trata, y en concreto, reflejarán en el encabezamiento de cada apartado la cuestión que abordarán como respuesta a los contenidos en el escrito de personación o a los diferentes extremos controvertidos.

(2) El apartado 6 del artículo 92 LJCA señala que transcurrido el plazo para oponerse al recurso, se hayan presentado o no los escritos de oposición, la sección competente para la decisión del mismo, de oficio o a petición de cualquiera de las partes formulada por otrosí en los escritos de interposición u oposición, acordará la celebración de vista pública salvo que entendiera que la índole del asunto la hace innecesaria.

Escrito de iniciación de procedimiento administrativo por caída en un parque por falta de tapa en una arqueta

A [ESPECIFICAR ÓRGANO COMPETENTE]

Yo, **don/doña** [NOMBRE_APELLIDOS], mayor de edad, con DNI [NÚMERO], y domicilio a efectos de notificaciones en la C/[CALLE], n.º [NÚMERO], de [LOCALIDAD], y correo electrónico a efectos de notificaciones [INDICAR CORREO],

EXPONGO

En virtud de lo previsto en los artículos 32 y siguientes de la Ley 40/2015, de 1 de octubre, de Régimen Jurídico del Sector Público, presento **ESCRITO DE INICIACIÓN DE PROCEDIMIENTO ADMINISTRATIVO POR RESPONSABILIDAD PATRIMONIAL DE LAS ADMINISTRACIONES PÚBLICAS**, en base a los siguientes,

HECHOS

PRIMERO.- El día [FECHA] mientras practicaba *running* por el parque [ESPECIFICAR], sito en [ESPECIFICAR], sufrí una aparatosa caída como consecuencia de una arqueta que carecía de tapa en dicho parque, no señalizada. La zona donde ocurrieron los hechos es uno de los pocos lugares urbanos aptos para la realización de este tipo de actividades, y es frecuentada a diario por grupos de *runners*, sin que en ningún lugar del parque se encuentre ningún tipo de señalización o advertencia que prohíba o limite la realización de actividades deportivas.

Tras la caída y ante la gravedad de las lesiones sufridas tuvo que trasladarse una ambulancia al lugar de los hechos que me desplazó al servicio de urgencias del Hospital [ESPECIFICAR], en donde se me diagnosticó [ESPECIFICAR].

A efectos acreditativos de las manifestaciones anteriores, se adjunta como **documento n.º** [NÚMERO], parte médico de [FECHA] emitido por [NOMBRE_DEL_CENTRO_HOSPITALARIO].

SEGUNDO.- A raíz de las lesiones producidas por la caída no solo he tenido que someterme a una intervención quirúrgica sino que también he tenido que realizar rehabilitación durante [ESPECIFICAR_TIEMPO].

En fecha [FECHA] se estabilizaron mis lesiones y fui dado de alta.

Para acreditar lo expuesto se acompañan los siguientes documentos: como documento n.º [NÚMERO], [ESPECIFICAR DOCUMENTO], como documento n.º [NÚMERO], [ESPECIFICAR DOCUMENTO], y como documento n.º [NÚMERO], [ESPECIFICAR DOCUMENTO].

TERCERO.- Se dan los requisitos necesarios para que prospere la responsabilidad patrimonial de la Administración:

- La efectiva realidad del daño o perjuicio, evaluable económicamente e individualizado.

- Que el daño o lesión patrimonial sufrida por el reclamante sea consecuencia del funcionamiento normal o anormal de los servicios públicos, en una relación directa e inmediata y exclusiva de causa a efecto, sin intervención de elementos extraños que pudieran influir, alterando el nexo causal. En este caso es manifiesta la relación de causalidad ya que la Administración era la responsable de mantener la acera en buen estado de conservación o en su defecto de señalizar debidamente el obstáculo.

- Ausencia de fuerza mayor.
- Que el reclamante no tenga el deber jurídico de soportar el daño causado.

CUARTO.- Las secuelas se determinaron en la revisión médica realizada el día [FE-CHA], por lo que me encuentro dentro del plazo de un año para reclamar legalmente previsto.

FUNDAMENTOS DE DERECHO

PRIMERO.- COMPETENCIA

La competencia para resolver la presente **reclamación de responsabilidad de la Administración**, le corresponde a [ESPECIFICAR] **(1)** en virtud de lo dispuesto en el artículo 92 de la Ley 39/2015, de 1 de octubre, del Procedimiento Administrativo Común de las Administraciones Públicas.

SEGUNDO.- PROCEDIMIENTO

El presente procedimiento deberá sustanciarse por el trámite previsto en el artículo 67 de la Ley 39/2015, de 1 de octubre, del Procedimiento Administrativo Común de las Administraciones.

TERCERO.- RESPONSABILIDAD PATRIMONIAL

El artículo 106 de la Constitución reconoce el derecho de los particulares a ser indemnizados de toda lesión que sufran en cualquiera de sus bienes o derechos, siempre que sea consecuencia del funcionamiento normal o anormal de un servicio público. Este derecho constitucionalmente reconocido se regula actualmente en el **artículo 32 de la Ley 40/2015, de 1 de octubre, de Régimen Jurídico del Sector Público** y exige, para su efectividad, la concurrencia de los siguientes requisitos:

- La existencia de un daño efectivo, evaluable económicamente e individualizado en relación a una persona o grupo de personas.
- El daño ha de ser antijurídico, en el sentido de que la persona que lo sufre no tenga el deber jurídico de soportarlo de acuerdo con la ley.
- La relación de causalidad entre la actividad administrativa y el resultado dañoso. En definitiva, el daño debe ser consecuencia del funcionamiento normal o anormal de un servicio público o actividad administrativa.
- Ausencia de fuerza mayor, como causa extraña a la organización y distinta del caso fortuito, supuesto este que sí impone la obligación de indemnizar.

Es decir, la viabilidad de la acción de responsabilidad patrimonial de la Administración requiere, tal y como dispone el Tribunal Supremo en su **sentencia del Tribunal Supremo, rec. 120/2007, de 3 de mayo de 2011, ECLI:ES:TS:2011:2587, sentencia del Tribunal Supremo n.º 1177/2016, de 25 de mayo, ECLI:ES:TS:2016:2289**:

- La efectiva realidad del daño o perjuicio, evaluable económicamente e individualizado en relación a una persona o grupo de personas.
- Que el daño o lesión patrimonial sufrida por el reclamante sea consecuencia del funcionamiento normal o anormal —es indiferente la calificación— de los servicios públicos en una relación directa e inmediata y exclusiva de causa a efecto, sin intervención de elementos extraños que pudieran influir, alterando, el nexo causal.

- Ausencia de fuerza mayor.
- Que el reclamante no tenga el deber jurídico de soportar el daño cabalmente causado por su propia conducta.

Tal y como señala la **sentencia del Tribunal Superior de Justicia de Madrid n.º 1041/2023, de 14 de diciembre, ECLI:ES:TSJM:2023:14909**: «(...) no cabe duda que las caídas en las vías públicas pueden generar responsabilidad patrimonial, siempre que se pruebe la falta de mantenimiento de la vía que es competencia estricta de la Administración local. Así, ha de recordarse que la falta de cuidado en el mantenimiento de las condiciones mínimas de seguridad en las calles ha sido apreciada por la jurisprudencia como constitutiva de responsabilidad patrimonial de la Administración municipal (SSTS 10 de noviembre y 22 de diciembre de 1994), pues es conocida la competencia de los municipios para la "pavimentación de vías públicas urbanas" lo que necesariamente incluye su mantenimiento, según lo dispuesto en el artículo 25.1.D) y 26.1. A) de la Ley 7/85, de 2 de abril, reguladora de las Bases de Régimen Local. En este sentido se expresa el artículo 21.1 del Real Decreto Legislativo 1/92, de 26 de junio, de Régimen de Suelo y Ordenación Urbana, (uso, conservación y rehabilitación de vías públicas urbanas)».

También resulta relevante lo dispuesto en la **sentencia del Tribunal Superior de Justicia de Asturias n.º 670/2023, de 16 de junio, ECLI:ES:TSJAS:2023:1510**, que establece que:

> «En esta línea, y en relación a las irregularidades del viario, hemos manifestado en numerosas sentencias que no existe relación de causalidad idónea cuando se trata de pequeños agujeros, separación entre baldosas, resaltes mínimos por instalación de tapas de alcantarillas o bases de los marmolillos, los cuales o son inocuos o son sorteables con la mínima diligencia y atención que es exigible para deambular por la vía pública a los peatones y al estándar de eficacia que es exigible a los servicios públicos municipales pues, en otro caso, se llegaría a la exigencia de un estándar de eficacia que excedería de los que comúnmente se reputan obligatorios en la actualidad para las Administraciones Públicas. En cambio, **cuando se trata de un bache, socavón, adoquín sobresaliente, farolas truncadas por la base, ostensible desnivelación de rejillas, material suelto persistente en el tiempo, u otro elemento de mobiliario urbano que por su dimensión o ubicación representa un riesgo objetivo, difícilmente salvable o peligroso, hemos declarado la responsabilidad de la Administración**, pero sin perder de vista la posible concurrencia de culpas si existen elementos de juicio para fundar una distracción o torpeza del peatón"».

Es destacable también lo dispuesto en la **sentencia del Tribunal Superior de Justicia del País Vasco n.º 386/2023, de 6 de septiembre, ECLI:ES:TSJPV:2023:2325**, que en un supuesto similar ha establecido que:

> «De ahí que lo trascendente es la carencia de tapa de la arqueta pues era posible deambular por la zona sin obstáculo alguno lo que hacía que cualquier viandante podía sufrir una caída, tal y como le ocurrió al apelante.
>
> Por consiguiente, concurren los requisitos exigidos para considerar que ha de declararse que concurre responsabilidad patrimonial del Ayuntamiento demandado.
>
> Pues bien, concurre el daño sufrido por el actor, que el servicio público ha funcionado anormalmente ya que el daño deriva de una caida causada por una arqueta sin tapa, no concurre fuerza mayor y el reclamante no tiene el deber jurídico de soportar el daño».

CUARTO.- EVALUACIÓN ECONÓMICA DE LA RESPONSABILIDAD PATRIMO-NIAL DERIVADA DE LOS PERJUICIOS SUFRIDOS POR EL SUSCRIBIENTE

En relación con los daños y perjuicios alegados, estos resultan efectivos, evaluables económicamente e individualizados con relación a mi persona de acuerdo con dictamen médico de valoración del daño corporal adjunto a la presente en el hecho segundo como **documento n.º** [NÚMERO], por lo que el alcance económico de la responsabilidad patrimonial del [ESPECIFICAR_ÓRGANO] se fija en la suma de [CUANTÍA] euros de indemnización según los siguientes conceptos: [ESPECIFICAR].

Por todo lo anterior,

SOLICITO:

PRIMERO.- Que habiendo presentado este escrito de **SOLICITUD DE INICIO DE PROCEDIMIENTO ADMINISTRATIVO POR RESPONSABILIDAD PATRIMONIAL DE LAS ADMINISTRACIONES PÚBLICAS**, con los documentos que se acompañan, proceda a admitirlo y, tras los trámites legales oportunos, se dicte resolución por la que se reconozca la responsabilidad en la que ha incurrido el Ayuntamiento de [ESPECIFICAR] por los daños producidos a **don/doña** [SOLICITANTE], y que han quedado expuestos en el presente escrito, indemnizando a esta parte con la suma de [IMPORTE] euros, incrementado en los intereses legales devengados desde la presente reclamación hasta su completo pago.

SEGUNDO.- A efectos de resolver la presente reclamación, que se practiquen las siguientes pruebas: [ESPECIFICAR].

En [LUGAR], a [DÍA] de [MES] de [AÑO].

Firmado:

---

(1) Para la determinación del órgano competente, de conformidad con lo dispuesto en el artículo 92 de la Ley 39/2015, de 1 de octubre, debe distinguirse el ámbito territorial:

«En el ámbito de la Administración General del Estado, los procedimientos de responsabilidad patrimonial se resolverán por el Ministro respectivo o por el Consejo de Ministros en los casos del artículo 32.3 de la Ley de Régimen Jurídico del Sector Público o cuando una ley así lo disponga.

En el ámbito autonómico y local, los procedimientos de responsabilidad patrimonial se resolverán por los órganos correspondientes de las Comunidades Autónomas o de las Entidades que integran la Administración Local.

En el caso de las Entidades de Derecho Público, las normas que determinen su régimen jurídico podrán establecer los órganos a quien corresponde la resolución de los procedimientos de responsabilidad patrimonial. En su defecto, se aplicarán las normas previstas en este artículo».